Autorenteam der
Zähringer-Werkrealschule Neuenburg

111 Ideen
für das 5. Schuljahr

AF287949

Vom Kennenlernspiel
bis zur richtigen Heftführung

Verlag an der Ruhr

Titel

111 Ideen für das 5. Schuljahr
Vom Kennenlernspiel bis zur richtigen Heftführung

Autor*innen

Verena Gräf, Cordula Hoffmann, Marc Jooss, Kirsten Kray,
Manuela Merz-Scherer, Georgia Rösch, Thomas Vielhauer

Umschlagmotive

Schülergruppe/Schülerin © contrastwerkstatt – Fotolia.com

Druck

Heenemann GmbH & Co. KG, Berlin, DE

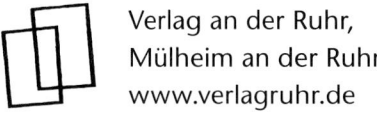

Verlag an der Ruhr,
Mülheim an der Ruhr
www.verlagruhr.de

Geeignet für die Klasse 5

© **Verlag an der Ruhr 2011,** Nachdruck 2022
ISBN 978-3-8346-0892-5

Jedes Ende ist auch ein neuer Anfang.

Das Ende der Grundschulzeit bedeutet für Kinder einen wichtigen Schritt im Leben: Sie mussten Abschied vom Vertrauten, von Freunden und Lehrern* nehmen und kommen nun in eine andere, für sie völlig neue Lernumgebung.
Ein ganz neuer Abschnitt beginnt.

Von daher ist es eine wichtige, spannende und auch schöne Aufgabe für Sie als Lehrer, diesen Übergang so zu gestalten, dass die Kinder sich und ihre neue Schule schnell kennenlernen, sich akzeptiert und willkommen fühlen können.

Die anfängliche Angst und Unsicherheit schwinden, sobald neue Rituale eingeführt werden, die Orientierung und Struktur bieten. Ein entspanntes, freundliches Klassenklima sorgt für gute Lernvoraussetzungen. Zusätzliche Motivation soll durch verschiedene Unterrichtsformen und -methoden geschaffen werden. Die unterschiedlichen Lernvoraussetzungen der Schüler machen individuelle Förderung sowie verschiedene Zugangsweisen zu Themen notwendig. Abwechslung im Unterricht sorgt für Neugierde auf Neues und im Optimalfall lernen Schüler untereinander, sowie Schüler und Lehrer gegenseitig voneinander. Im Netzwerk Schule ist außerdem eine funktionierende Zusammenarbeit zwischen Eltern, Lehrern und der Schulleitung wichtig.

In all diesen Punkten sollen Ihnen unsere 111 Ideen für das 5. Schuljahr eine Starthilfe geben, ob Sie nun zum ersten Mal eine 5. Klasse übernehmen oder schon Erfahrung mit dieser Stufe haben.

Wir haben verschiedene Anregungen zusammengestellt, die Sie dazu anregen sollen, selbst Neues auszuprobieren: Wählen Sie wie aus einem Rezeptbuch einfach die Ideen aus, die zu Ihnen und Ihrer schulischen Situation am besten passen, und überlegen Sie, wie Sie diese am besten in Ihrer Schule umsetzen können.

Lassen Sie sich inspirieren und werden Sie selber kreativ!

Wir wünschen Ihnen viel Spaß und Freude am Stöbern und Ausprobieren sowie viele schöne Erfahrungen mit Ihrer neuen fünften Klasse!

---

* Aus Gründen der besseren Lesbarkeit haben wir in diesem Buch durchgehend die männliche Form verwendet. Natürlich sind damit auch immer Frauen und Mädchen gemeint, also Lehrerinnen, Schülerinnen etc.

1

Die Neuankömmlinge willkommen heißen

Die weiterführende Schule ist für viele Kinder ein großer und aufregender Schritt in eine neue, unbekannte Lernumgebung. Dieser kann Vorfreude und Spannung, aber auch Unsicherheit und Ängste hervorrufen. Die Schule möchte hier einen sanften Übergang schaffen: Die Kinder sollen sich von Anfang an gut aufgehoben und angenommen fühlen. Deshalb sind die ersten Unterrichtswochen für die weitere Lernentwicklung von großer Bedeutung.

Aus diesem Grund finden Sie in diesem Kapitel Ideen von der Klassen-zimmergestaltung bis hin zu ersten Aktivitäten, die für ein angenehmes Ankommen der „Neuen" in der Klasse und an der Schule sorgen sollen.

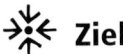 Klassenzimmergestaltung

 Ziel

Die Schüler sollen sich von Anfang an in ihrem neuen Raum wohlfühlen und neugierig werden, was sie in ihrer neuen Klasse alles erwartet.

✂ Material/Vorbereitung

Je nach Klassenzimmer benötigen Sie sehr unterschiedliche Materialien.

⚙ So geht's

Mit Blumen, sauberen Wänden, Tischen und Regalen geben Sie zunächst den wohnlichen äußeren Rahmen vor. In Abstimmung mit den Klassenkollegen können Sie auch schon die Wände für die ersten geplanten Schülerarbeiten vorbereiten: Statt nackter Bretter schätzen die Schüler z.B. farbiges Papier als Untergrund zur Präsentation für zukünftige Schülerarbeiten. Ein ♥-licher Willkommensgruß an der Tafel, eventuell vorbereitete Schilder für die Fächer Deutsch, Mathe, Englisch etc. an den Wandbrettern zeigen den Schülern, dass der Klassenraum für sie vorbereitet wurde und ihr Kommen wertgeschätzt wird. Je nach Arbeitsweise können Sie Freiarbeits-, Lese- und andere spezielle Bereiche des Raums schon einrichten.

☺ Tipps

Möglicherweise können Sie Fächer, Ordner, Schachteln etc. für die Schüler schon im Vorhinein beschriften.
Lassen Sie die Schüler in der ersten Zeit etwas Dekoratives für die Wände erstellen, damit das Klassenzimmer möglichst bald ihren individuellen Vorstellungen entspricht (z.B. den Klassenbaum s. S. 32, erste Schülerarbeiten aus dem Kunstunterricht, Steckbriefe …)

 **Patenklassen**

⋇ Ziel

Die Schüler sollen sich schnell in der neuen Umgebung wohl und geborgen fühlen. Besonders an großen Schulen ist es für die Neuen hilfreich, wenn sie direkt Kontakte zu älteren Schüler erhalten und bei Bedarf Unterstützung finden können. Die Schüler der Patenklassen wiederum fühlen sich gebraucht, ein Klima der gegenseitigen Wertschätzung entsteht.

✂ Material/Vorbereitung

Suchen Sie eine Partnerklasse, in der sich die Schüler mehrheitlich gerne für die Neulinge einsetzen möchten.

 So geht's

Die Schüler der älteren Klasse bekommen den Auftrag, sich an ihre erste Woche in der neuen Schule zu erinnern: Was hatten sie für Fragen? Was war interessant? Was ist an der neuen Schule anders als an der Grundschule? Aus diesen Vorüberlegungen werden Ideen für ein Unterstützungsprogramm für die Neuankömmlinge gesammelt. Das kann beispielsweise die Organisation eines gemeinsamen Frühstücks, einer Schulhaus-Rallye (s. S. 20) oder eines kleinen Ausflugs umfassen. So lernen sich die Schüler der beiden Klassen kennen.
Die Paten stehen zudem grundsätzlich in den Pausen als Ansprechpartner zur Verfügung.

☉ Tipps

Beim ersten gemeinsamen Treffen mit der Patenklasse sollte jeder ein Namensschild haben. Sie können mit einer Buttonmaschine solche herstellen oder die Namen auf Wäscheklammern aus Holz schreiben lassen.

3 Einzelpaten

☀ Ziel

Die Neuankömmlinge erhalten jeweils einen älteren Ansprechpartner,
der bei Fragen und Problemen zur Verfügung steht. Die neuen Fünftklässler
fühlen sich aufgehoben und wahrgenommen.
So eine Patenschaft fördert gegenseitiges Verstehen und Rücksichtnahme
bei unterschiedlichen Interessen und Altersstufen.

✂ Material/Vorbereitung

Suchen Sie ältere Schüler, die sich als Paten zur Verfügung stellen wollen.

⚙ So geht's

Wie bei der Patenklasse (s. S. 10) sollten die Schüler der älteren Klassen
sich Gedanken zu ihrer ersten Zeit an der Schule machen. Aus diesen
Überlegungen heraus wird ein Fragen- und Antwortkatalog erarbeitet.
Vor dem persönlichen Kennenlernen schreiben die Paten den Fünftklässlern
einen Brief, in dem sie sich vorstellen. Jedem Neuankömmling steht vom
ersten Tag an ein Ansprechpartner zur Seite, der ihm behilflich sein kann.
Mit einem kleinen Rahmenprogramm an einem der ersten Schultage können
die älteren Schüler die jüngeren empfangen. Die Paten beantworten Fragen
zur Schule und stehen mit Rat und Tat den Jüngeren zur Seite.
Sie können Einweisung und Hilfen bei schulspezifischen Dingen, wie z.B.
Gebrauch der Schülerschließfächer, Prozedere in der Mensa etc., geben.

☺ Tipps

Am besten koordinieren Sie im Vorhinein, wer welche(n) neuen Schüler
betreut, dabei können die Wünsche der Paten mit berücksichtigt werden
(ob sie sich z.B. nur Jungen oder Mädchen vorstellen können usw.)
Es hat sich als sinnvoll erwiesen, eine Stunde, besser noch einen Tag,
zu Beginn des Schuljahres zur Verfügung zu stellen, an dem die Paten
zur ersten Kontaktaufnahme bereitstehen.
Lassen Sie die Paten ein kleines, persönliches Geschenk für die Neuankömmlinge basteln, wie eine Mini-Schultüte oder einen Glücksbringer (s. S. 13).

 # Persönlicher Brief des Klassenlehrers

 ## Ziel

Ein persönlicher Brief zeigt den Neuankömmlingen von Anfang an, dass sie an der neuen Schule herzlich willkommen sind. Der Lehrer macht damit deutlich, dass er sich auf die Neuen freut, und bekundet durch den Brief nochmals das Interesse an jedem einzelnen Schüler.

Material/Vorbereitung

Sie benötigen die Klassenliste der Neuankömmlinge, Briefpapier und -umschläge.

So geht's

Sie sollten den Inhalt der Briefe so persönlich wie möglich und so allgemein wie nötig halten: Wichtig sind z.B. eine direkte Ansprache des Schülers und einige persönliche Willkommensworte. Die Stärken der Schüler sollten im Idealfall ebenfalls in den Brief mit aufgenommen werden, dazu bedarf es einer Anfrage an die ehemaligen Klassenlehrer der Grundschule. Mit einem solchen Text zeigt der Lehrer, dass er sich auf diese Talente freut, und bekräftigt, dass diese auch im Alltag der neuen Schulart wichtig sind. Grundsätzlich kann dem Brief bereits eine Materialliste mit den benötigten Heften etc. beigelegt werden oder ein Schreiben mit Informationen der Schulleitung (s. S. 171) enthalten.

Tipps

Wenn Sie die Zusammensetzung Ihrer Klasse nicht schon vor den Sommerferien erfahren, können Sie eventuell auch kurzfristig per E-Mail Kontakt zu vorherigen Lehrern der Schüler aufnehmen, da so in der Regel ein schneller, unkomplizierter Informationsaustausch möglich ist.

 **Willkommensblumen zur Begrüßung**

☼ Ziel

Herzlich willkommen geheißen zu werden, verstärkt die positiven Eindrücke der Kinder von der neuen Schule und lässt den ersten Tag in guter Erinnerung bleiben. Mit einer Willkommensblume wird deshalb jeder Einzelne persönlich angesprochen.

✂ Material/Vorbereitung

Sie benötigen farbiges Tonpapier, Schere und Kleber.

Falls Sie die Blumen als Kette (s.u.) verschenken möchten, ist es empfehlenswert, den Schülern ein paar unterschiedliche Schablonen anzubieten, damit die Blumen in etwa die gleiche Größe haben. Außerdem benötigen Sie dann eine Schnur und kleine, farbige Wäscheklammern.

Wählen Sie eine Klasse aus, die bereit ist, für die Neuankömmlinge diese Blumen zu gestalten.

✺ So geht's

Jeder Schüler (im Idealfall der Pate) schreibt einem Neuankömmling einen guten Wunsch und seinen Namen auf eine Blume, die er aus farbigem Tonpapier ausschneidet (nach eigenen Ideen oder mit Hilfe einer vorgegebenen Schablone). Entweder wird diese persönlich übergeben oder an einer Schnur befestigt und als Blumenkette überreicht.

☺ Tipps

Zwar könnte jedes Kind seine Blume mit nach Hause nehmen, die bunte Blumenkette kann aber auch prima als Dekoration im neuen Klassenzimmer dienen.

6 Begrüßungsfeier

 Ziel

Die neuen Schüler werden in einem feierlichen Rahmen empfangen.
Eine Feier bietet die Möglichkeit zur Identifikation mit der neuen Schulart
und räumt dem Schulwechsel einen angemessenen Stellenwert ein.

✂ Material/Vorbereitung

Schaffen Sie Sitzgelegenheiten für Eltern und Schüler. Kümmern Sie sich
um Dekoration fürs (Klassen-)Zimmer, wie Papierblumen (s. S. 13) oder
Willkommensgrüße. Lassen Sie ein Geschenk für jeden Neuankömmling
herstellen (Paten, s. S. 11). Planen Sie Programmpunkte, wie Lieder,
Sketche o.Ä., und bereiten Sie sie vor.

 So geht's

Je feierlicher der Rahmen ist, desto deutlicher wird zum Ausdruck gebracht,
wie ernst die Neuankömmlinge genommen werden. Egal ob im Musikraum
oder in der Aula, die Kinder werden mit ihren Eltern in einem eventuell im
Vorfeld festlich geschmückten Raum zunächst von der Schulleitung begrüßt.
Neben dem Schulleiter wird die Schule am besten durch die Schüler selbst
präsentiert: Deshalb sollten z.B. die Sechstklässler verschiedene Programmpunkte vorführen. Hierbei können die Neuankömmlinge mit einbezogen
werden. Ob Theaterstück, Gesangseinlagen, Akrobatik oder auch Vorstellen
der neuen Fächer: Lassen Sie sich etwas für Ihre zukünftige Klasse einfallen!

↻ Tipps

Es ist besonders schön, wenn diese oder die Paten den neuen Schülern ein
selbstgebasteltes Geschenk aus den Fächern Werken oder Kunst überreichen.

Anbieten würden sich als weitere Programmpunkte beispielsweise auch eine
gegenseitige Partnervorstellung oder ein einfacher englischer Song, bei dem
der Refrain von allen Kindern gemeinsam gesungen werden kann.

 **Lieder, Sketche, Gedichte aus dem Fremdsprachenunterricht**

Ziel

Die Neugierde und Motivation für die neu zu lernende Fremdsprache werden geweckt.

✂ Material/Vorbereitung

Je nachdem, was Sie bei der Einschulungsfeier aus Ihrem Englisch- oder Französischunterricht präsentieren möchten, benötigen Sie entsprechende Requisiten oder musikalische Begleitung.
Üben Sie die Beiträge mit der Klasse 6 ein.

⚙ So geht's

Die begrüßenden Schüler führen einen Beitrag aus ihrem bisherigen Fremdsprachenunterricht auf: Das können Lieder, Sketche, Dialoge, Rätsel o.Ä. sein. Die Vorführung kann entweder im Rahmen der Begrüßungsfeier stattfinden oder in die ersten Stunden des neuen Fremdsprachenunterrichts eingebaut werden.

↻ Tipps

Als musikalische Begleitung für Lieder reicht eventuell schon ein Playback aus, das bei fast allen Lehrwerken beiliegt.

Achten Sie darauf, dass Sie ggf. auch ein Mikrofon organisieren sollten, damit die vortragenden Kinder von allen gut verstanden werden (z.B. wenn der Vortrag in der Aula stattfindet).

 **Vorstellung der AGs/Nachmittagsangebote durch Lehrer und Schüler**

 Ziel

Die neuen Schüler lernen das Nachmittagsangebot der Schule kennen und erhalten erste Orientierungshilfen für die eigene Wahl unter den Angeboten.

 Material/Vorbereitung

Lehrer und Teilnehmer der verschiedenen Angebote bereiten Kurzpräsentationen für die verschiedenen Wahlangebote vor.

So geht's

Lehrer und/oder Schüler stellen in den neuen Klassen die einzelnen Wahlangebote vor. Plakate, kleine Demos und Bilder können dabei die Ausführungen unterstützen. Die Beiträge sollten deutlich machen, für welche Schüler das Angebot passt, welche Interessen, Fähigkeiten oder Kenntnisse sie mitbringen sollten.

Tipp

Es bietet sich an, den Fünftklässlern direkt im Anschluss an die Präsentationen ihre Präferenzen wählen zu lassen. Eine schriftliche Auflistung des Gesamtangebots sollte hierfür zur Verfügung stehen. Diese Aufstellung können die Schüler anschließend mit ihren Eltern besprechen, bevor sie sich endgültig entscheiden.

 **Wunschwölkchen**

 **Ziel**

Die Kinder bekommen die Möglichkeit, Wünsche und Hoffnungen, aber auch Ängste in Bezug auf das kommende Schuljahr auszudrücken. Sie können sich zudem darüber mit anderen austauschen.

✂ **Material/Vorbereitung**

Die Schüler benötigen Buntstifte (die sie i.d.R. selbst dabei haben). Bereiten Sie bunte, kopierte Wölkchenblätter (Umrisse verschiedener Wolkenformen auf DIN-A4-Blätter zeichnen und auf farbiges Papier kopieren) zum Ausschneiden vor.

⚙ **So geht's**

Die Kinder können auf vorbereiteten „Wölkchenblättern" Wünsche und Hoffnungen für ihre kommende Schulzeit schreiben und malen. Sie schneiden dann die Wolken aus und können sie nach Belieben im Klassenzimmer aufhängen.

↻ **Tipps**

Die Wölkchen können mit Namen versehen werden oder anonym bleiben.

Sie können die Wölkchen später einsammeln und bei der Schulabschlussfeier wiederverwenden.

10 Blumentöpfchen

☀ Ziel

Durch die persönliche Dekoration sollen sich die Kinder im Klassenzimmer wohlfühlen.

✂ Material/Vorbereitung

Besorgen Sie je Schüler einen Blumentopf (ø ca. 11 cm) mit entsprechendem Untersetzer, Erde, Setzlinge bzw. Samen, Plaka-Farben, Borstenpinsel, Zeitungspapier, Schaschlikspieße, Tonpapier, Schere und Kleber.

✲ So geht's

Jeder Neuankömmling bekommt ein Tontöpfchen zum Bemalen und Bepflanzen. Jedes Kind bastelt zudem ein Namensfähnchen für seinen Blumentopf. Nach Fertigstellung werden die Töpfe im Klassenzimmer als Fensterdekoration aufgestellt.

↻ Tipps

Es können entweder Samen oder kleine Ableger verwendet werden, je nachdem, welche Blumen oder Grünpflanzen ausgewählt werden.

Organisieren Sie einen Pflanzendienst, damit die Kinder lange Freude an ihren Gewächsen haben.

 **Gemeinsames Frühstück der Klassen 5 und 6**

☼ Ziel

Die Schüler sollen sich gegenseitig kennenlernen.

✂ Material/Vorbereitung

Stellen Sie mit den Schülern der 6. Klassen, die das Frühstück ausrichten, Einladungen her. Lassen Sie die Schüler Rezepte für Müslis, selbstgemachte Brotaufstriche, Säfte usw. heraussuchen, aufschreiben und gestalten. Schreiben Sie Einkaufslisten, oder klären Sie ab, wer was mitbringt (Liste!). Stellen Sie Servietten, Geschirr und Blumen bereit. Klären Sie, in welchen Räumlichkeiten das Frühstück stattfinden kann (eventuell Schulküche). Legen Sie einen Zeitrahmen fest.

✸ So geht's

Die 6. Klassen schreiben ihre Einladungen entweder an die ganze Klasse 5, oder sie gestalten je eine persönliche Einladung für jeden einzelnen Schüler. Die Sechstklässler bereiten am angegebenen Tag für das Frühstück Müsli, Brotaufstriche u.Ä. nach einfachen Rezepten vor. Daraufhin decken sie Gruppentische ein.
Beide Klassen frühstücken gemeinsam und räumen anschließend auf.

☉ Tipps

Die einfachen Rezepte von Brotaufstrichen oder Müsli können nach dem Frühstück den Fünftklässlern überreicht werden.

Falls die Sechstklässler nicht gleichzeitig die Paten der Klasse sind, können diese zusätzlich zu dem Frühstück eingeladen werden.

Schulhaus-Rallye

☀ Ziel

Die Schüler lernen ihr neues Schulgebäude kennen.

✂ Material/Vorbereitung

Bereiten Sie Fragebögen für die Schüler vor, und besorgen Sie Preise für die Sieger (selbstgemacht oder gekauft).

✦ So geht's

Jede Kleingruppe erhält einen Fragebogen, den sie selbstständig beantwortet, indem sie in kleinen Gruppen durch die Gebäude wandert. Die Fragen drehen sich rund um die Schule und deren Räumlichkeiten, Fachräume, Sporthalle sowie das Sekretariat, Rektorat und den Hausmeister.
Mögliche Fragen sind:

≈ Wie viele Mädchen- und Jungentoiletten gibt es?
≈ Welches Schild steht an der Tür des Sekretariats?
≈ Wie heißt der Schulleiter?
≈ Was für ein Bild hängt neben dem Computerraum?
≈ Wie viele Computer gibt es im Computerraum?
≈ Wie viele Treppenstufen sind es zwischen Klassenzimmer und Toilette?
≈ Wie viele Türen gibt es im ersten Obergeschoss?
≈ Was kostet eine Brezel im Kiosk?
≈ Wie heißt der Hausmeister?
≈ Welche Zimmernummer hat der Musikraum?
≈ Wie viele Schüler hat die Schule?
≈ Wie heißt der Vertrauenslehrer?
≈ ...

⟳ Tipps

Der Fragebogen kann mit der Klasse 6 oder von den Paten erstellt werden. Für die korrekte Beantwortung der Fragen gibt es Punkte, die Gruppe mit der höchsten Punktzahl gewinnt einen Preis. Sie können dabei auch die Geschwindigkeit berücksichtigen.

 **Schulverträge abschließen, Schulverfassung unterzeichnen**

 Ziel

Die Schüler lernen den Schulethos, die allgemeinen Ziele der Schule, ihre eigenen Grundrechte und Pflichten sowie die der anderen kennen. Indem sie die an sie gerichteten Erwartungen kennen, erhalten sie Orientierungs-hilfe für ihr Verhalten.

✂ Material/Vorbereitung

Ein Schulvertrag oder eine Schulverfassung mit dem Leitbild und den allgemeinen Leitlinien der Schule wird für die gesamte Schule erstellt. Dies sollte unter Einbeziehung der Schüler und Eltern geschehen.

⚙ So geht's

Der Schulvertrag oder die Schulverfassung ist ähnlich dem Grundgesetz allen anderen an der Schule geltenden Regeln übergeordnet. Wenn der Schulleiter selbst diesen „Vertrag" in den neuen 5. Klassen vorstellt, wird die besondere Bedeutung dieses Dokuments noch unterstrichen.
Die Schüler und die Eltern drücken mit ihrer Unterschrift aus, dass sie diesen Rahmenrichtlinien zustimmen, gleichzeitig sollte die Unterschrift als Absichtserklärung verstanden werden, die darin formulierten Rechte zu respektieren und den Pflichten nachzukommen.

↻ Tipps

Beim Erstellen von spezifischen Klassenregeln sollte der Bezug zu dieser „Schulverfassung" deutlich gemacht werden.

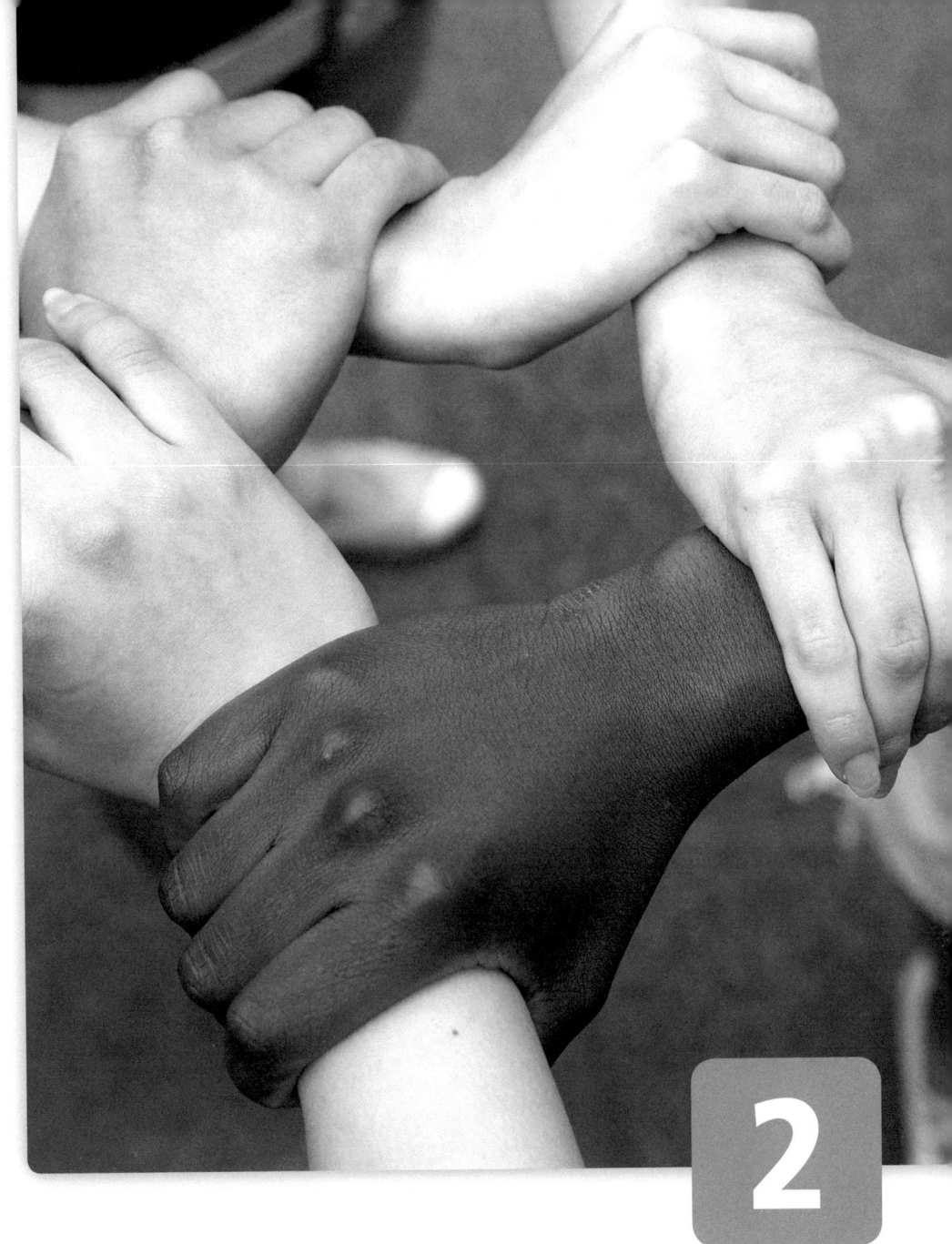

2

Sich vorstellen und
gegenseitig kennenlernen

Die Fünftklässler kommen meistens aus unterschiedlichen Grundschulen, teilweise auch aus unterschiedlichen Orten oder Stadtteilen, viele kannten sich zuvor nicht. Nachdem sie eventuell eine schöne Begrüßungsfeier hinter sich haben und sich von der Schule angesprochen fühlen, sind sie sich gegenseitig in ihrer neuen Lerngruppe doch noch fremd.

Deshalb sollte gleich zu Beginn das Augenmerk des Klassenlehrers auf dem Kennenlernen liegen, damit eine vertrauensvolle Grundstimmung aufkommt und jeder Schüler entspannt in der neuen Lernumgebung ankommen kann.

 **14** # Erstes Namenlernen

 **Ziel**

Lehrer und Schüler lernen die Namen schnell auswendig.

✂ **Material/Vorbereitung**

Schaffen Sie Platz in der Klasse, damit sich die Schüler in einen Kreis stellen bzw. setzen können.

 **So geht's**

Die Schüler stehen oder sitzen in einem Kreis. Jeder überlegt sich eine Sache, die mit demselben Anfangsbuchstaben wie sein Name beginnt und die er möglichst mag.

Reihum stellen sich die Schüler wie folgt vor: „Ich bin Adrian und mag gerne Ananas", „Ich bin Laura und lache gern." usw. Anschließend beginnt ein Mitspieler reihum zu wiederholen, wie die Schüler heißen und was sie gerne haben. Wenn er nicht mehr weiter weiß, ist der betreffende Schüler, dessen Namen nicht genannt werden konnte, an der Reihe. Er stellt zunächst sich vor, nennt daraufhin den Namen mit Attribut seines Nachbarn und dann der folgenden Schüler in der Reihe, bis auch er stecken bleibt. Ziel ist es, dass möglichst jeder Schüler einmal alle Namen richtig wiedergeben kann.

Die Schüler spielen das bekannte „Ich packe meinen Koffer" mit der Variante, dass sie jeweils auch noch sagen müssen, wer welchen Gegenstand bereits in den Koffer gepackt hat: „Wir packen unseren Koffer: Tim hat eine Taschenlampe eingepackt, Egon eine Wärmflasche, Sara eine Zahnbürste und ich, Laurin, lege eine Luftmatratze dazu." usw.

⟳ **Tipps**

Damit Sie selbst die Namen Ihrer Schüler schnell behalten können, helfen auch eigene Eselsbrücken: Laurin mit den leuchtenden Augen, Sara erinnert mich an meine Nichte, Leo hat ganz dichtes Haar wie ein Löwe …

Die Schüler gestalten Namensschilder für ihren Tisch. Sie falten einen DIN-A4-Karton quer, schreiben ihren Namen gut leserlich auf eine Seite und zeichnen etwas Schönes dazu, was ihnen gefällt (das kann ein Fußball für einen Fußballfan sein, ein Pferd für eine Pferdeliebhaberin etc.). Diese Schilder werden auf den Tischen aufgestellt und helfen auch allen Fachlehrern, die Namen der Schüler schnell zu erlernen. Das Bild kann dabei das Lernen der Namen unterstützen.

Zusätzlich oder alternativ können die Schüler auch Buttons mit ihren Namen gestalten. Diese tragen sie dann auch in den Pausen, in den Fachräumen oder im Stuhlkreis, was die Kommunikation außerhalb der regulären Klassensituation erleichtert.

15 Blitzrunde zum Kennenlernen

☀ Ziel

Die Schüler stellen sich der Klasse im Sitzkreis vor und erfahren Wohnort, Vorlieben und Abneigungen ihrer Klassenkameraden.

✂ Material/Vorbereitung

Bereiten Sie einen Sitzkreis vor, erstellen Sie vier Textstreifen mit Satzanfängen.

⚙ So geht's

Die Schüler setzen sich in den Kreis. Jeder Einzelne stellt sich vor. Zur Orientierung werden vier Textstreifen in den Kreis gelegt. Auf diesen stehen Satzanfänge für diese Begrüßungsrunde:
1. Ich heiße …
2. Ich wohne in …
3. Ich mag …
4. Ich mag … nicht.
Um den Einstieg etwas zu erleichtern, stellt sich der Lehrer zuerst selbst vor.

☺ Tipps

Wenn man den Schülern einen Gegenstand (Ball, Stab, Tuch etc.) zum Weitergeben in die Hand gibt, fällt das Vorstellen leichter. Gleichzeitig gilt, dass nur die Person sprechen darf, die diesen Gegenstand gerade bei sich hat.

Ein fünfter Streifen kann leer bleiben. Er soll dazu auffordern, eigene Ideen mit einzubringen.

So eine Blitzrunde kann man auch gut zu Beginn des neuen Fremdsprachenunterrichts durchführen.

 **16** **Namenpatschen**

 Ziel

Durch dieses lebhafte Spiel bleiben die – bereits bekannten – Namen der Mitschüler besonders gut im Gedächtnis haften.

✂ Material/Vorbereitung

Rollen Sie eine Zeitung zusammen, und streifen Sie ein Gummiband darüber, damit die Rolle zusammenhält.

So geht's

Die Kinder sitzen im Kreis. Ein Schüler steht in der Mitte und bekommt eine zusammengerollte Zeitung in die Hand. Ein Schüler aus dem Kreis nennt den Namen eines Mitschülers in der Runde. Der Schüler in der Mitte versucht nun, dem Genannten die Zeitung auf den Schenkel zu schlagen, bevor dieser einen anderen Namen nennen kann. Gelingt ihm das, kommt der „Abgeschlagene" in die Mitte des Kreises. Gelingt ihm dies nicht, muss er wiederum versuchen, den Schüler, der genannt wurde, mit der Zeitung zu berühren usw.

☺ Tipps

Je dicker und unhandlicher die Zeitungsrolle gedreht wird, desto weniger besteht die Gefahr, dass ein Schüler zu hart getroffen wird.

Wenn die Schüler die Namen schon gut kennen, kann man Sonderregeln hinzunehmen, wie z.B. „Kein Name darf doppelt aufgerufen werden" oder „Jungen und Mädchen müssen abwechselnd genannt werden".

 **Achim, ein Ball!**

 **Ziel**

Die Schüler erlernen die Namen ihrer Mitschüler, Konzentration und Koordination werden gefördert.

✂ **Material/Vorbereitung**

Legen Sie Gegenstände bereit, die sich die Schüler zuwerfen können: Tennisball, Bierdeckel, Federball, Softball, Sandsäckchen etc.

So geht's

Die Klassenliste wird vorgelesen; die Schüler bekommen vorher die Aufgabe, sich ihren alphabetischen Vorgänger und Nachfolger zu merken. Dann verteilen sich alle Schüler beliebig im Raum. Nun werden Wurfgeräte in der zuvor durch die Klassenliste festgelegten Reihenfolge von Kind zu Kind geworfen (zunächst nur eines, je nach Fähigkeit der Schüler dann auch mehrere). Jeder ruft vor dem Werfen den Namen seines Nachfolgers („Achim, ein Ball!") und achtet dabei darauf, dass dieser sich ihm zuwendet. Je schneller die Weitergabe erfolgt, desto lustiger, aber auch schwieriger wird das Spiel.

🌀 **Tipps**

Achten Sie darauf, dass im Klassenzimmer genügend Raum vorhanden ist. Ansonsten können Sie z.B. auf dem Schulhof spielen.

Je mehr Wurfgeräte eingesetzt werden, desto größer ist die erforderliche Konzentration.

Das Spiel kann später auch in umgekehrter Reihenfolge durchgeführt werden.

 **Info-Kugellager**

 Ziel

Möglichst viele Kinder sollen sich gleichzeitig mit verschiedenen Gesprächspartnern austauschen.

✂ Material/Vorbereitung

Die Schüler bauen Stuhlkreise auf; bereiten Sie eventuell Karten mit verschiedenen Gesprächsthemen vor.

⚙ So geht's

Die Schüler bilden zwei Stuhlkreise, einen Innenkreis und einen Außenkreis. Die Kinder sitzen sich dabei gegenüber. Sie erhalten die Möglichkeit, sich paarweise möglichst leise über verschiedene Themen auszutauschen und sich so besser kennenzulernen. Kommen die Schüler nicht selbst auf Themen, können Sie ihnen mit Hilfe der Karten welche vorgeben.
Ein akustisches Signal zeigt den Schülern einen Partnerwechsel an.
Dabei rückt z.B. der Außenkreis im Uhrzeigersinn um einen Platz weiter.

☺ Tipps

Die Themen sollten so gewählt werden, dass sie aus dem Erfahrungsfeld der Schüler stammen, z.B. Lieblingscomputerspiele, Fernsehgewohnheiten (Lieblingssendungen, Lieblingsfilme, …), ihre Familie, Haustiere etc.

Sie können den Innen-Außen-Kreis auch im Stehen im Klassenzimmer oder – bei Platzproblemen – auf dem Gang durchführen.

Diese Methode eignet sich auch für alle Unterrichtsphasen, in denen sich die Kinder mit möglichst vielen anderen austauschen sollen.

 **Partnerinterview mit Präsentation**

☀ Ziel

Die Kinder erfahren eine Wertschätzung der eigenen Person, indem sie von einem Mitschüler vorgestellt werden. Sie üben, einander genau zuzuhören und vor dem Plenum etwas mündlich zu präsentieren.

✂ Material/Vorbereitung

Sammeln Sie mögliche Fragen, eventuell auch mit den Schülern. Für die Präsentation können die Schüler ggf. einen Stuhlkreis vorbereiten.

⚙ So geht's

Die Schüler interviewen sich gegenseitig zu vorgegebenen Fragen („Wer gehört zu deiner Familie?", „Was sind deine Hobbys?", „Hast du einen Lieblingsfußballverein?" usw.), um möglichst viel über die Person des anderen zu erfahren. Es bietet sich an, den Fragekatalog im Vorfeld gemeinsam mit der Klasse zu erarbeiten.
Nach Abschluss des Interviews stellt jeder seinen Partner der Klasse z.B. im Stuhlkreis vor. Er beendet diesen Teil mit der Frage an seinen Interview-Partner: „Habe ich dich richtig wiedergegeben?"

☺ Tipps

Im Vorfeld sollten Sie mit den Kindern erarbeiten, wie man ein Interview durchführt, z.B. Regeln aufstellen:
≈ Wer Fragen stellt, darf nicht kommentieren.
≈ In der Rolle als Interviewer darf man nicht von sich selber sprechen.
≈ usw.

Eventuell können die Schüler sich Gedächtnishilfen in Form von Notizen oder Bildern erstellen.

20 Klassenbaum

 Ziel

Das Zusammengehörigkeitsgefühl innerhalb der Klasse wird gestärkt, die Schüler erfahren mehr voneinander.

✂ Material/Vorbereitung

Besorgen Sie buntes Tonpapier, Schere, Kleber, Stifte, Packpapier. Die Schüler bringen Fotos von sich mit, bzw. Sie können welche von ihnen erstellen, wenn Sie eine Kamera an der Schule haben.

 So geht's

Die Kinder gestalten gemeinsam einen Apfelbaum aus Tonpapier, der auf einem entsprechend großen Stück Packpapier fixiert wird. Der Apfelbaum sollte die ungefähre Größe des kleinsten Kindes der Klasse haben.
Jedes Kind schneidet aus Tonpapier einen „Apfel" aus und fertigt darauf einen eigenen Steckbrief mit Foto an. Dieser wird anschließend als Frucht an den Ästen des Baumes festgeklebt. Zusätzlich schneidet jedes Kind mindestens fünf Blätter aus und klebt diese ebenfalls auf.

☺ Tipps

Je nach Klassengröße und motorischen Fertigkeiten der Kinder soll der Baum möglichst selbstständig angefertigt werden.

21 Vorstellungsplakat/-wand

☀ Ziel

Den Fünftklässlern wird bewusster, dass sie nun ein Teil der neuen Schule sind, an der sie sich präsentieren dürfen. Zusätzlich erfahren sie Anerkennung durch andere.

✂ Material/Vorbereitung

Sie benötigen Stellwände und/oder Plakate, Papier, Schere, Klebstoff, Fotos etc.

⚙ So geht's

Stellen Sie der Klasse das Projekt vor, sich als neue Mitschüler den anderen Stufen zu präsentieren. Es soll eine kleine Ausstellung für die Parallelklasse(n) und ältere Mitschüler entstehen, die auch dafür sorgt, dass neue Kontakte entstehen, wenn andere Kinder z.B. ähnliche Interessen haben.
Erarbeiten Sie mit den Schülern Beiträge, die den anderen gezeigt werden sollen, z.B. Steckbriefe, eventuell kurze „Kontaktanzeigen" („Suche Leute, mit denen ich mittags Fußball spielen kann"). Auch schöne, selbstgemalte Bilder oder kurze Texte zum ersten Schultag können ausgestellt werden. Ebenso gehören eine erste Meinung, was einem an der Schule bisher gut gefällt, Fotos und kurze Texte, z.B. zu Haustieren oder über sich selbst, dazu. Ordnen Sie das Material ansprechend auf der Stellwand an. Die Kinder können eventuell in der Pause zu ihrer Stellwand Fragen beantworten und mit Interessierten ins Gespräch kommen.

↻ Tipps

Klären Sie vorher ab, wo und wie lange Stellwände aufgebaut oder genutzt werden können. Es ist sinnvoll, dass sie an einem Ort, wie dem Foyer einer Schule, stehen, an dem auch andere Schüler sich aufhalten, sodass sichergestellt ist, dass die Ausstellung auch genutzt wird.

Aus Datenschutzgründen sollten die Kinder nicht zu viel über sich preisgeben, Vorname und eventuell Wohnort genügen, Fotos sollten nicht zu persönlich und es muss nicht die ganze Familie darauf abgebildet sein usw.

22 Die Klasse in Diagrammen

⋇ Ziel

Die Klasse stellt sich mittels mathematischer Erhebungen und Darstellungen vor, dabei lernen die Schüler Gemeinsamkeiten und Besonderheiten ihrer Mitschüler kennen.

✂ Material/Vorbereitung

Die Schüler benötigen Papier, Stifte, Lineal, besorgen Sie zusätzlich Plakatpapier.

✦ So geht's

Die Schüler erheben Daten zu Körper- und Schuhgröße der Mitglieder der Klasse, zu ihrem Wohnort und der Entfernung zur Schule, zu der Art, wie sie den Schulweg zurücklegen, und zu Vorlieben (Lieblingsfach, -essen, -eissorte, -sendung usw.).
Die Daten werden sortiert und mittels verschiedener Diagramme (Balken-, Säulen-, Venndiagramme) auf Plakaten dargestellt. Die Schüler können in Gruppen an den unterschiedlichen Erhebungen arbeiten und anschließend der Klasse ihre Ergebnisse präsentieren. Darüber hinaus können sie ihr unterschiedliches Vorwissen bei der Auswertung mit einbringen, z.B. Bruch- oder Prozentanteile nennen („Mehr als die Hälfte der Schüler wohnen in Ort A", „25% kommen mit dem Zug zur Schule" …) usw.

☺ Tipps

Nachdem die Schüler die Diagramme erstellt haben, verwenden Sie die Ergebnisse im Folgeunterricht, um das Lesen von Diagrammen zu üben, z.B. Fragen zum Plakat mit den Lieblingsspeisen der Schüler als Warming-Up:

≈ Welches ist die beliebteste Speise in dieser Klasse?
≈ Wie oft wurde Schnitzel mit Pommes gewählt?
≈ Vergleiche die Anzahl der Schüler, die Pizza gewählt haben, mit der Anzahl derer, die Spagetti gewählt haben.
≈ usw.

3

Den Tag, die Woche und das Jahr strukturieren

Es ist wichtig, dass Kinder im Schulalltag einen festen Rahmen angeboten bekommen: Eine vorgegebene Tages- bzw. Wochenstruktur hilft den Schülern, sich zu orientieren und sich in ihrer neuen Umgebung einzuleben. Rituale bieten Sicherheit, da die Kinder schon wissen, was sie erwartet. Strukturierung macht den Kindern den Schulalltag transparenter. Dabei lernen sie, selbstständig zu arbeiten und ihre Zeit einzuteilen.

 **Begrüßungsgedichte und -lieder**

 Ziel

Damit Unterricht zügig beginnen kann, hat sich ein gemeinsames Begrü-
ßungsritual als sinnvoll erwiesen. Für eine positive Lernatmosphäre ist es
außerdem förderlich, wenn das Ritual die Schüler möglichst auch emotional
anspricht.
Mit einem Schlussritual beenden Schüler und Lehrer eine Stunde gemeinsam mit einem positiven emotionalen Schlusspunkt. Dies verhindert, dass
alle einfach auseinanderrennen, wenn der Gong ertönt.

✂ Material/Vorbereitung

Wählen Sie ein für die Klasse geeignetes Lied oder einen Reim aus.

☼ So geht's

Grundsätzlich sollten die Schüler und der Lehrer sich zu Stundenbeginn
stehend begrüßen. Dadurch werden gegenseitiger Respekt und Aufmerksamkeit ausgedrückt. Ein laut gesprochenes „Guten Morgen zusammen!"
oder das gemeinsame Verabschieden mit einem im Chor gesprochenen
„Auf Wiedersehen!" schließt alle in der Klasse mit ein, was bei dem verbrei-
teten „Guten Morgen, Herr Maier/Frau Schulz!" nicht der Fall ist. Gemeinsam gesprochene Begrüßungsgedichte finden bei Schülern auch großen
Anklang, wenn sie nicht gelangweilt oder gar widerwillig heruntergeleiert
werden. Es eignet sich z.B. folgendes Begrüßungsgedicht:

„Ich wünsch dir einen guten Tag
und dass dich heute jeder mag.
Dass du gut ausgeschlafen bist
und dass dir schmeckt, was du heute isst.
Und dass der Tag dir bis zur Nacht
viel Freude macht."

(„Ich wünsch dir einen guten Tag".
Text: Rolf Krenzer
© ABAKUS Musik Barbara Fietz, 35753 Greifenstein)

Englische Lieder können auch einen schönen gemeinsamen Beginn bedeuten, z.B.:

„Good morning, good morning,
good morning to you,
good morning everybody
and how do you do.“

In gleicher Weise können Gedichte und Lieder den Unterrichtstag abschließen.

 **Tipps**

Schüler lieben es, über ihre Begrüßungs- und Abschlussrituale mitbestimmen zu können, daher können Sie sie bei der Auswahl der Lieder auch mit einbeziehen.

Gedichte oder Lieder kann man natürlich auch abwechseln.

 ## Begrüßungsritual Sonne, Wolken, Regen

 Ziel

Dieses Ritual erlaubt jedem Schüler, seine momentane Befindlichkeit auszudrücken. Die Schüler werden ermutigt, auf die Gefühle der Mitschüler
zu achten und ggf. ihre Hilfe anzubieten.
Der Lehrer kann sich dadurch auf die individuelle Situation der Schüler
einlassen.

Material/Vorbereitung

keine

 ## So geht's

Der Lehrer fragt täglich nach dem Befinden der Schüler.
Hält ein Schüler die geöffnete Hand nach oben (Sonnensymbol), so sagt er
damit aus, dass es ihm heute sehr gut geht. Fühlt sich ein Schüler aus ir-
gendeinem Grund überhaupt nicht wohl, so zeigt er dies, indem er mit den
Finger Regentropfen nachspielt (Regensymbol). Ein Schüler kann auch die
Faust (Wolken- und Gewittersymbol) zeigen, wenn er ausdrücken möchte,
dass er gerade sehr wütend ist.

Tipps

Die Schüler können direkt im Anschluss
die Möglichkeit bekommen, ihre Sorgen,
bzw. Probleme anzusprechen, oder ein
anderer Schüler kann in der Pause auf
dieses Kind zugehen, um mit ihm zu
sprechen.

25 Fortsetzungsgeschichten

⁂ Ziel

Jedes Kind bekommt beim Vorlesen die Aufmerksamkeit der gesamten Klasse und darf einen Teil der gemeinsam gewählten Lektüre präsentieren.

✂ Material/Vorbereitung

Wählen Sie vorab mit den Schülern zusammen Texte oder Bücher aus, legen Sie einen zeitlichen Rahmen fest.

⚙ So geht's

Die Kinder wählen gemeinsam ein Buch aus.
Aus diesem Buch lesen die Kinder ihren Mitschülern abwechselnd zu einer festgelegten Zeit vor. Dies kann täglich oder mehrmals wöchentlich stattfinden. Wichtig ist, dass die Vorleser genug Zeit erhalten, sich mit dem Text im Vorfeld zu beschäftigen.

↺ Tipps

Die Kinder bringen eigene Bücher zum Vorlesen mit.

Das Kind, das liest, setzt sich auf einen besonderen Vorlesestuhl.

Je nach Lesefähigkeiten der Kinder können Sie als Lehrer steuern, dass nicht jeder die gleiche Textmenge vorbereiten muss.

 **Montag-Morgenkreis**

 Ziel

Zu Beginn der Woche soll die Möglichkeit eines Austausches über das Wochenende geschaffen werden.

✂ Material/Vorbereitung

Die Schüler sollten darin geübt sein, einen Stuhlkreis aufzubauen, und die Gesprächsregeln beherrschen. Stellen Sie einen Erzählgegenstand und/oder einen Erzählstuhl bereit, dazu Schildchen für die Wächter.

 So geht's

Die Klasse empfängt den Klassenlehrer jeden Montagmorgen im Stuhlkreis. Jedes Kind erhält die Möglichkeit, in einer vorgegebenen Zeit von seinen -Erlebnissen am Wochenende zu berichten.

Nur das Kind, das auf dem Erzählstuhl sitzt oder den Erzählgegenstand (z.B. Erzählstein oder Erzählsäckchen s. S. 62) in der Hand hält, darf reden. Einzelne Kinder fungieren als Zeit-, Themen- oder Ruhewächter und achten darauf, dass die vorher besprochenen Regeln eingehalten werden. Als Schilder für die Wächter dienen beklebte Wäscheklammern.

Die Schüler erzählen dabei freiwillig. Auch die Lehrkraft kann sich einbringen. Wichtig ist die Einhaltung von Erzählzeit und Gesprächsregeln.

☺ Tipps

Wie der Montag-Morgenkreis zum Wochenbeginn ist auch der Freitag-Abschlusskreis zu deren Ende denkbar.

Manchen Kindern hilft es, wenn man ihnen zum Erzählen feste Satzanfänge vorgibt. Solche können sein:

≈ Mein schönstes Erlebnis am Wochenende war …
≈ Mir ist am Wochenende etwas Lustiges passiert, nämlich …
≈ Das Beste am Wochenende war …
≈ Bei mir war am Wochenende nicht so gut, dass …
≈ usw.

27 Abschlussrunde unter Klassensprecherleitung

 **Ziel**

Die Kinder können während der Woche Erlebtes besprechen und reflektieren.

✂ **Material/Vorbereitung**

Die Schüler müssen im Vorfeld Gesprächsregeln erarbeiten, der Klassensprecher sollte als Moderator ausgebildet sein. Sie müssen eine Kummerbox bereitstellen und den Umgang mit dieser festlegen und eventuell fixieren.

✵ **So geht's**

Die Schüler halten wöchentlich Anregungen und Probleme auf Zetteln fest und sammeln diese in der Kummerbox.
Im Vorfeld muss in der Klasse geklärt werden, dass nur klassenspezifische Anregungen oder Probleme in die Kummerbox gehören, keinesfalls persönliche Anschuldigungen und Beleidigungen.
Am Freitag wird die Kummerbox geleert und unter der Leitung der beiden Klassensprecher aufgearbeitet. Gemeinsam suchen die Kinder nach Lösungen. Kommt die Klasse bei einem Problem zu keinem Ergebnis, schaltet sich der Klassenlehrer oder ggf. Sozialarbeiter zur Unterstützung ein.

🔄 **Tipps**

Der Lehrer sichtet den Inhalt der Kummerbox vor der Besprechung, um ggf. unpassende Zettel auszusortieren.

Die Anregungen und Probleme der Schüler können anonym bleiben.

Wochenabschluss-Stehkreis

☀ Ziel

Positive oder negative Eindrücke der Woche werden mitgeteilt. Alle gehen danach gemeinsam ins Wochenende und können sich ihre Gedanken für die kommende Woche machen.

Das gemeinsame, sehr kurze Reflektieren der vergangenen Woche mit Höhen und Tiefen ermöglicht dem Lehrer und den Mitschülern einen Einblick über das Befinden und das Empfinden Einzelner im Klassenverband.

✂ Material/Vorbereitung

Die Schüler müssen mit den allgemeinen Gesprächsregeln im Kreis und dem Umgang mit einem Erzählsäckchen (s. S. 62) vertraut sein.

⚙ So geht's

Die Schüler stehen, schon vorbereitet fürs Wochenende, im Stehkreis. Sie äußern sich nacheinander über Momente oder Ereignisse der vergangenen Woche. Mehr als zwei bis drei Sätze pro Schüler sollen es nicht sein. Dabei werden die Gesprächsregeln eingehalten.

↻ Tipp

Diese kurze Rückmeldung sollten Sie wirklich ganz ans Ende der letzten Stunde verlegen, nachdem Taschen gepackt, Stühle auf dem Tisch und Jacken schon angezogen sind.

 **Geburtstagskreis (mit Lied und Kerze)**

 **Ziel**

Jedes Kind bekommt an seinem „Ehrentag" die Aufmerksamkeit der ganzen Klasse und darf im Mittelpunkt stehen.

 **Material/Vorbereitung**

Stellen Sie eine Geburtstagskerze bereit, und üben Sie ein Geburtstagslied ein.

So geht's

Der Geburtstag jedes Schülers wird mit der Klasse im Stuhlkreis gefeiert. In die Mitte wird eine Kerze platziert und angezündet. Die Kinder singen gemeinsam für das Geburtstagskind ein entsprechendes Lied. Im Anschluss daran darf der Gefeierte die Kerze auspusten und kann einen Wunsch an die Klasse oder Schule äußern.
Der Wunsch kann auf einer Wunschwolke festgehalten und im Klassenzimmer aufgehängt werden.

Tipps

Geburtstagslieder können Sie auch in verschiedenen Sprachen singen lassen.

Sie können die Kinder Geburtstagslieder auch in deren Muttersprachen lernen lassen.

 # Geburtstagsbuch

 Ziel

Jedes Kind soll sich in der Klasse wichtig genommen fühlen, sein Geburtstag wird von allen gewürdigt.

Material/Vorbereitung

Gestalten Sie jährlich wechselnde Vorlagen (z.B. Herz, Blume, Wolke) auf Tonpapier, legen Sie Buntstifte, Scheren, Geschenkband oder bunte Kordeln bereit.

 So geht's

Jeder Schüler schreibt dem Geburtstagskind ein paar nette Worte und/oder Wünsche auf die Vorlage, gestaltet diese, unterschreibt und schneidet sie aus.

Die Briefchen werden gelocht und mit Geschenkband oder Kordel zu einem Buch gebunden und eventuell mit einem Hausaufgaben-Gutschein (s. S. 133) dem Geburtstagskind überreicht.

 Tipp

Achten Sie bei der Auswahl der Vorlage darauf, dass die Form so gewählt wird, dass sie gut zu einem Buch gebunden werden kann.

31 Jahreszeitengedichte

⭐ Ziel

Die Schüler setzen sich selbstständig mit Lyrik auseinander und lernen Gedichte zu den Jahreszeiten kennen.

✂ Material/Vorbereitung

Wählen Sie mit den Schülern geeignete Gedichte aus, und legen Sie buntes Papier bereit. Legen Sie einen Zeitrahmen fest.

⚙ So geht's

Die Schüler suchen selbstständig passend zu jeder Jahreszeit je ein Gedicht aus. Hierzu können ein Büchereibesuch, das Internet sowie verschiedene Gedichtbände (Schulbücherei, Privatbesitz) Grundlage sein.
Die Kinder schreiben zunächst das jeweilige Gedicht auf ein Blatt, gestalten es und hängen es im Klassenzimmer auf.
Innerhalb von einer Woche sollen sie es dann auswendig lernen.
Jedes Kind bekommt dann einen Termin, an dem es „sein" Gedicht den anderen präsentiert.

⟳ Tipps

Lassen Sie die Kinder auch muttersprachliche Gedichte in den Unterricht einbringen.

Die Gedichte können in einem Portfolio gesammelt werden (s. S. 137).

 # Adventskalender

 Ziel

Die Adventszeit als Vorfreude auf das Weihnachtsfest kann mit der ganzen Klasse geteilt werden, indem ein gemeinsamer Kalender täglich geöffnet wird.

✂ Material/Vorbereitung

Sie benötigen ein rotes Band, Wäscheklammern, Säckchen und Süßigkeiten. Sie sollten außerdem eine Auswahl an Weihnachtsgeschichten und -gedichten aussuchen und anbieten.

⚙ So geht's

In der Vorweihnachtszeit bereiten die Schüler im Klassenzimmer einen Adventskalender vor: Es kann beispielsweise ein rotes Band an einer geeigneten Stelle gespannt werden. An diesem Band werden 24 nummerierte Säckchen mit Holzwäscheklammern befestigt.

Es gibt verschiedene Möglichkeiten, die Säckchen zu füllen:
≈ Jedes Kind fertigt eine Gedichtrolle an.
≈ Jedes Kind schreibt eine kurze Weihnachtsgeschichte auf.
≈ Die Klasse schreibt ein Fortsetzungsgedicht oder eine Fortsetzungsgeschichte in 24 Teilen.
≈ Die Schüler schreiben Weihnachtsrätsel auf.
≈ usw.

Das Kind, das an der Reihe ist, öffnet den Kalender (z.B. immer zu Beginn der ersten Stunde) und stellt den Inhalt seines Säckchens den anderen vor.

⟳ Tipps

Sie können Säckchen oder Stiefelchen im entsprechenden Unterricht von den Schülern selbst nähen lassen.

Die Kinder können stattdessen Eistütchen aus buntem Tonpapier basteln.

Man kann die Reihenfolge, in der die Schüler an der Reihe sind, im Vorhinein auslosen und für jeden einsehbar aufhängen oder täglich einen Zettel aus einer Dose mit Namen ziehen, bis jeder dran war. Sollten mehr Kinder in der Klasse sein, als es Tage gibt, können Sie auch zwei Namen auf einen Zettel schreiben. Andere Möglichkeiten wären, nach Klassenliste oder Sitzordnung vorzugehen. Die Wochenendtage werden montags nachgeholt.

 **Weihnachtswichteln**

☀ Ziel

Die Adventszeit wird als besondere Zeit des Jahres herausgehoben, und das gemeinsame Erleben der Vorweihnachtszeit lässt Schule zu einem Teil der Lebenswelt der Kinder werden.

✂ Material/Vorbereitung

Bereiten Sie Namens- und Nummernkärtchen (1–24) vor.
Darüber hinaus benötigen Sie einen Stoff- oder Jutesack bzw. eine Leine mit Holzwäscheklämmerchen.
Die Schüler kümmern sich um verpackte, mit Namen versehene Geschenke.

⚙ So geht's

Jeder Schüler zieht heimlich den Namen eines anderen Kindes. Außerdem zieht jeder ein Nummernkärtchen, das die Reihenfolge des Adventskalenders festlegt.
Dem „gezogenen" Mitschüler kauft er ein kleines Geschenk, verpackt es und versieht es mit dessen Namen sowie der Nummer, die er gezogen hat.
Die Geschenke werden als Adventskalender an einer Leine in der Klasse aufgehängt.

⟳ Tipps

Bewährt hat sich die Eingrenzung des Kaufbetrages auf zwei bis drei Euro.

Die Wichtelgeschenke können auch, statt in Form eines Adventskalenders, vom Lehrer in einem Sack gesammelt und am letzten Schultag vor den Weihnachtsferien allen Schüler auf einmal geschenkt werden. Dabei kann man erst die Kinder raten lassen, von wem man beschenkt wurde, bevor es aufgelöst wird, sodass sich jeder bedanken kann.

Wenn es in der Klasse Kinder gibt, die sich gegenseitig auf gar keinen Fall beschenken wollen (auch z.B. Jungen und Mädchen), kann auch jeder ein „neutrales" Geschenk mitbringen. Die Päckchen werden entweder in beliebiger Reihenfolge als Kalender aufgehängt oder zu Weihnachten durch Würfeln o.Ä. verteilt (beispielsweise Sitzkreis, Geschenke in der Mitte: Es wird reihum gewürfelt. Wer eine Sechs hat, darf sich ein Geschenk aussuchen. Entweder er würfelt danach nicht mehr mit oder darf entscheiden, wer stattdessen ein Päckchen auswählen darf).

4

Eine Klassengemeinschaft aufbauen

Für eine gute Klassengemeinschaft braucht es zunächst klare Regeln für das Zusammenarbeiten und das Zusammenleben.

Um eine positive Identifikation mit der Klasse zu schaffen, ist es günstig, die Schüler so viel wie möglich partizipieren zu lassen und ihnen Gelegenheiten zu bieten, sich für die Mitschüler und damit für die Klassengemeinschaft zu engagieren. Günstige Kommunikationsstrukturen, zu denen auch Rückmeldungen-Geben zählt, erhöhen die personalen und sozialen Kompetenzen der einzelnen Schüler und sind Voraussetzung, Konflikte konstruktiv zu lösen.

34 Klassenregeln

☀ Ziel

Um den Rahmen für ein geordnetes Miteinander zu schaffen, werden klare Verhaltenserwartungen und mögliche Konsequenzen bei Nichteinhalten der Regeln zusammen mit den Schülern formuliert. Dieser Rahmen bietet den Schülern Sicherheit und bildet eine Voraussetzung dafür, dass sich die Schüler in der neuen Schule geborgen fühlen können.

✂ Material/Vorbereitung

Legen Sie Plakatpapier und dicke Filzstifte bereit.

✺ So geht's

Die Schüler sammeln zunächst in Kleingruppen Regeln, die sie für ein gutes Zusammenarbeiten und Zusammenleben in der Klassengemeinschaft als wichtig erachten. Anschließend stellen sie ihre Ergebnisse dem Plenum vor. Dabei kann man bereits Regeln hervorheben, die von vielen Gruppen gewünscht wurden, oder die Schüler können durch Punkte eine Prioritätenliste erstellen.

Bei der endgültigen Formulierung der Klassenregeln sollten Sie nachhelfen und dabei folgende Regeln beachten:

≈ Die Regel enthält das Wörtchen „Ich".
≈ Sie ist kurz, sachlich und möglichst positiv formuliert, z.B.
  • Zu Stundenbeginn sitze ich auf meinem Platz.
  • Vor Unterrichtsbeginn lege ich das erforderliche Arbeitsmaterial auf meinen Tisch.
  • Ich befolge die Arbeitsanweisungen der Lehrer sofort.
  • usw.

Falls die Schüler eine wichtige Regel nicht nennen, können Sie diese auch selbst ergänzen.

Die Regeln werden auf ein Plakat groß und gut leserlich geschrieben und von jedem Schüler und den Lehrern unterschrieben.

Vereinbaren Sie mit den Schülern Konsequenzen bei Nichteinhaltung der Regeln, aber auch positive Verstärkungen bei ihrer Einhaltung.

⟳ Tipps

Stellen Sie lieber wenige wichtige Regeln auf, deren Einhaltung konsequent verfolgt wird, als zu viele, die für alle Beteiligten unübersichtlich und damit schwieriger erfolgreich durchgesetzt werden können.

Geben Sie den Fünftklässlern zu Beginn des Schuljahres etwas Zeit, sich mit den vereinbarten Regeln vertraut zu machen. Z.B. können Sie mit den Schülern vereinbaren, dass es in der ersten Woche, nachdem die Regeln vereinbart wurden, noch keine Strafen gibt. Allerdings sollte jeder Regelverstoß trotzdem sofort als solcher benannt werden und Anlass sein, über das korrekte Verhalten gemeinsam nachzudenken.

 Witzige, positiv formulierte Klassenregeln

☀ Ziel

Vereinbarte Klassenregeln werden teilweise humorvoll umformuliert, wobei die Ernsthaftigkeit der Regel nicht in Frage gestellt werden darf.

✂ Material/Vorbereitung

Führen Sie eine Vorbesprechung in der Klasse durch, in der geklärt wird, welche Regeln wichtig sind. Erstellen Sie zusammen mit den Schülern ein Regelplakat (s. S. 53).

⚙ So geht's

Überlegen Sie zusammen mit der Klasse, welche Regeln für Sie und die Kinder besonders wichtig sind. Formulieren Sie diese dann so um, dass sie sich positiv übertrieben anhören.

Beispiele:
- ≈ Es ist erlaubt, seine Hausaufgaben regelmäßig zu machen.
- ≈ Es ist gewünscht, dass alle im Unterricht auch gerne lachen.
- ≈ Du darfst immer freundlich sein.
- ≈ Niemand hat etwas dagegen, wenn wir unser Klassenzimmer sauber halten.
- ≈ usw.

☺ Tipp

Besprechen Sie beim Umformulieren immer wieder die Ernsthaftigkeit dieser Regeln!

 **Gesprächsregeln vereinbaren**

 Ziel

Die Schüler einigen sich auf wichtige Gesprächsregeln, die für störungsfreie Unterrichtsgespräche im Plenum oder in Kleingruppen notwendig sind.

✄ Material/Vorbereitung

Legen Sie Papierstreifen und dicke Filzstifte bereit.

 So geht's

Sowohl bei Gesprächen im Klassenverband, beim Frontalunterricht oder im Stuhlkreis als auch bei der Arbeit in Kleingruppen kommt es immer wieder zu Störungen durch Nichteinhaltung von Gesprächsregeln. Solche Störungen können Anlass sein, mit der Klasse über die Notwendigkeit von Gesprächsregeln nachzudenken.

Hierzu sammeln die Schüler in Kleingruppen Regeln, die sie selbst für ein geordnetes Gespräch als wichtig erachten. Die Schüler notieren jede Regel auf einen Papierstreifen und präsentieren sie im Stuhlkreis. Die Papierstreifen werden dann in die Kreismitte gelegt und geordnet. Die Schüler können abstimmen, welche Regeln ihnen am wichtigsten sind.

Bei der Formulierung sollten dieselben Kriterien wie bei den allgemeinen Klassenregeln beachtet werden (s. S. 53).

↻ Tipp

Um die Schüler bei der Einhaltung der vereinbarten Gesprächsregeln zu unterstützen, eignen sich Regelwächter, die über die Einhaltung wachen. Solche Wächter können in Kleingruppen, aber auch bei Gesprächen im Plenum eingesetzt werden. Sie können ggf. die Einhaltung einfordern oder ein Feedback geben, wie gut die Regeln eingehalten wurden. In jedem Fall bleibt Ihnen als Lehrer die unangenehme Rolle des Ermahnenden oder auch Strafenden erspart, und die Wirkung auf die Schüler ist oft höher, da die Einsicht und nicht die Anweisung im Vordergrund steht.

 **Ziel der Woche**

 Ziel

Das erwartete Verhalten zu den verschiedenen Regeln wird in kleinen Schritten bewusst eingeübt und automatisiert.

✂ Material/Vorbereitung

Bereiten Sie ein Schild „Ziel der Woche" vor, auf dem man jede Woche ein neues konkretes Ziel ergänzen kann (z.B. ein laminiertes Papier oder ein Schild aus Kunststoff, das mit Filzstift beschriftet werden kann).

So geht's

Reflektieren Sie zunächst mit den Schülern über Störungen. Einigen Sie sich dann auf ein bestimmtes Ziel, das in dieser Woche im Mittelpunkt der Aufmerksamkeit stehen soll, z.B.:

≈ Wir tragen unsere Stühle leise in den Stuhlkreis.
≈ Bei Gruppenarbeit sprechen wir leise miteinander.
≈ Wir bewegen uns rücksichtsvoll und langsam im Klassenzimmer.
≈ usw.

Nach jeder entsprechenden Phase in dieser Woche reflektieren die Schüler, wie gut sie das gesetzte Ziel erreicht haben und was sie tun können, um noch besser zu werden.

☺ Tipp

Zusätzliche Motivation zur Einhaltung der Ziele können vereinbarte Belohnungen sein. Beispielsweise können die Schüler Klassenpunkte sammeln und je nach Gelingen zwischen einem und drei Klassenpunkte pro Phase erhalten. Wenn die Schüler dann z.B. 15 Klassenpunkte erreicht haben, erhalten sie eine verlängerte Pause, bei 50 Punkten dürfen sie einen Film ansehen oder erhalten eine Spielestunde etc.

 # Ordnungsdienst

☼ Ziel

Um in der Klasse eine angenehme Lernatmosphäre zu gewährleisten, bedarf es auch eines verantwortungsbewussten Umgangs mit der Einrichtung im Klassenzimmer. Dazu gehört neben der Gestaltung auch die Pflege des Raumes. Die Kinder übernehmen abwechselnd innerhalb eines Dienstplanes dafür die Verantwortung und leisten damit einen wichtigen Beitrag für die Klassengemeinschaft.

✂ Material/Vorbereitung

Erstellen Sie eine Namens- oder Diensttafel, beschriften Sie Kärtchen mit den Diensten und Wäscheklammern mit den Namen der Schüler.

⚙ So geht's

Die Schüler erledigen selbstständig Aufgaben im Klassenzimmer, wie Fegen, Blumen gießen, Tafel wischen, Regale aufräumen usw. Um die Dienste einzuteilen und die wöchentlichen Wechsel kenntlich zu machen, bietet sich eine Vielzahl von Möglichkeiten an:
Alle Schülernamen werden z.B. auf Holzklammern geschrieben, die Dienste auf Schildern dargestellt. Wöchentlich werden die Klammern der zuständigen Schüler an den entsprechenden Schildern befestigt. Alternativ kann man eine Klassenliste aufhängen und jede Woche Klammern, die bestimmte Dienste beschreiben, den passenden Schülern zuordnen.
So weiß jeder, wer für welchen Dienst zuständig ist.

↻ Tipps

Zu Beginn sollten nur die nötigsten Dienste eingeführt und auf ihre Einhaltung geachtet werden.

Der Ordnungsdienst sollte ein Feedback durch die Klasse und den Lehrer erhalten.

Jeder Schüler übernimmt die Verantwortung für seinen eigenen Arbeitsplatz!

 **Heimlicher Kollege („Hidden Buddy")**

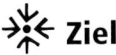 Ziel

Um das Klassenklima zu verbessern und im Besonderen die Achtsamkeit der Schüler untereinander zu fördern, eignet sich diese Methode, die außerdem im Gegensatz zu vielen anderen Sozialtrainings kaum extra Unterrichtszeit kostet.

✂ Material/Vorbereitung

Bereiten Sie kleine Zettel vor, die an die Schüler ausgeteilt werden können.

⚙ So geht's

Die Schüler schreiben ihren Namen auf kleine Zettel. Anschließend zieht jeder aus der Gruppe einen Zettel und hält den gezogenen Namen geheim. Wenn ein Schüler seinen eigenen Namen gezogen hat, muss er seinen Zettel zurücklegen und einen neuen ziehen. Jeder Schüler bekommt so einen Mitschüler anvertraut und bemüht sich eine Woche lang, dessen heimlicher Kollege – eben sein „hidden buddy" – zu sein, ohne dass dieser es merkt. Kleine Aufmerksamkeiten, wie Lob und Aufmunterung, auch in Form anonymer Briefchen, Nachfragen, Hilfen, aber auch kleiner, geheim zugesteckter Geschenke, können helfen, dass sich die Schüler in der neuen Gruppe wohl und wertgeschätzt fühlen.

↻ Tipps

Die Schüler finden es meist sehr spannend, herauszufinden, wer ihr Buddy ist. Etwas Zeit zur Nachbesprechung sollte deshalb nicht fehlen. Bevor die Buddys sich dabei outen, sollten die Schüler Vermutungen äußern, wer wohl ihr Buddy gewesen sein könnte und woran sie das zu erkennen glauben.

Sinnvoll ist in jedem Fall, die verschiedenen Formen der erfahrenen Aufmerksamkeiten beschreiben zu lassen: Vielleicht kann ja das eine oder andere als angenehm erfahrene Verhalten nachgeahmt oder wiederholt werden.

 **Klassenrat**

 Ziel

Ein Klassenrat ermöglicht den Schülern, sich gegenseitig besser kennen-
zulernen sowie Stärken und Schwächen der Mitschüler zu erkennen und
zu akzeptieren. Er gibt den Schülern Gelegenheit, Eigenverantwortung zu
entwickeln sowie Bereitschaft für verantwortliches Handeln zu üben und
auszuprägen. So ermöglicht er den Schülern, unter Anleitung, Schule aktiv
und sinnvoll mitzugestalten.

✂ Material/Vorbereitung

Besorgen Sie Plakate und dicke Filzstifte.

⚙ So geht's

Der Klassenrat sollte zu Beginn von Klasse 5 jede Woche tagen, damit die
Schüler eine gewisse Routine bekommen. Die sechs Leitgedanken des Rates
sind:
- ≈ Qualität
- ≈ Verantwortung
- ≈ Gesprächskultur
- ≈ Gemeinschaft
- ≈ Wohlbefinden
- ≈ Respekt

In der Regel leitet der (Klassen-)Lehrer den Rat. Zu Beginn des Schuljahres
sollten die Klassenregeln und deren Einhaltung bzw. Nichteinhaltung reflektiert werden. Später können die Schüler-Lehrer-Beziehung, die Zufriedenheit
mit dem Unterricht oder die Verwirklichung von Schülerwünschen Themen
des Klassenrats sein.
Um die einzelnen Vorstellungen und Wünsche unter einen Hut zu bringen,
steht an erster Stelle das Erlernen einer gemeinsamen Gesprächskultur. Gegenseitige Wertschätzung und die Gewährung kreativer Freiräume bilden
dabei das Fundament. Wenn die gemeinsame Arbeit organisiert abläuft,
können die Schüler auch ihre Erwartungen und Ideen einbringen (z.B.
zunächst Erarbeitung in Kleingruppen, dann Vorstellen in der Galerie und
schließlich Einigung über „Punkte").

⟳ Tipp

Es sollte zu Beginn ein Plan bzw. eine Vorgehensweise erarbeitet werden, wie die Arbeit des Rates ablaufen kann. Wenn dies von Anfang an geklärt wurde, lassen sich Missverständnisse vermeiden, und jeder weiß Bescheid, wie die gemeinsamen Ziele erreicht werden können.

 **Erzählsäckchen**

 **Ziel**

Mit den Erzählsäckchen herrscht Klarheit darüber, wer im Erzählkreis sprechen darf.
Außerdem entsteht ein Zusammengehörigkeitsgefühl in der Klasse durch das ganz persönliche Klassensäckchen.

 **Material/Vorbereitung**

Stellen Sie ein kleines Stoffsäckchen bereit. Am besten bewährt hat sich ein gebatikter Baumwollstoff, der sich gut anfühlt und gleichzeitig stabil ist. Außerdem kann er (falls nötig) gewaschen werden.
Jeder Schüler bekommt als erste Hausaufgabe den Auftrag, für den nächsten Tag ein kleines Steinchen mitzubringen.

So geht's

Im Stuhlkreis gibt jeder Schüler seinen Stein in das Baumwollsäckchen und äußert gleichzeitig einen Wunsch, den er für das neue Schuljahr hat bzw. worauf er sich besonders freut.
Kommen im Laufe der nächsten Schuljahre Schüler hinzu, werden auch sie gebeten, einen Stein mitzubringen.
Dieses Klassensäckchen wird immer dann verwendet, wenn Gespräche in der Gruppe stattfinden: Nur wer es in der Hand hält, darf auch sprechen.

Tipps

Die Schüler können sich das Säckchen auch gut gegenseitig zuwerfen und leicht auffangen, aber Achtung: Das Säckchen darf dazu nicht zu schwer sein.

 **Monatlicher Platzwechsel**

 Ziel

Durch das regelmäßige Wechseln der Plätze müssen die Schüler lernen, mit verschiedenen Tischnachbarn zusammenzuarbeiten. Keiner wird ausgegrenzt, das fördert die Teamfähigkeit!

✂ Material/Vorbereitung

Nummerieren Sie alle Tische durch, und kennzeichnen Sie sie entsprechend mit Aufklebern. Stellen Sie zu jeder Tischnummer ein zusätzliches Tischnummernkärtchen zum Auslosen der Plätze her.

⚙ So geht's

Jeden Monat wechseln die Schüler ihre Plätze: Sie ziehen ein Tischnummernkärtchen und setzen sich an den entsprechenden Tisch. So erhalten sie in der Regel einen neuen Platz mit einem neuen Nachbarn.

↻ Tipps

Zwischendurch kann man auch für einen Monat die Schüler selbst entscheiden lassen, wer ihr Tischnachbar sein soll.

Sie können die Schüler auch jeden Monat ihren Tischpartner selbst neu wählen lassen, mit der Vorgabe, dass es keiner sein darf, neben dem man schon einmal gesessen hat. Sie erhalten hierbei einen ähnlichen Effekt wie mit dem Zufallsverfahren, müssen aber mögliche Außenseiter im Auge behalten, die hier ansonsten beständig Ablehnung erfahren könnten. In diesem Falle ist das Zufallsverfahren vorzuziehen.

 **Kummerkästchen**

 **Ziel**

Schüler, die ein Problem in der Klasse haben, aber nicht den Mut besitzen, es offen anzusprechen, oder nicht wissen, wie sie das Problem lösen können, werden durch diese Methode unterstützt.

✂ Material/Vorbereitung

Besorgen Sie ein Holzkästchen mit Schlitz als Briefeinwurf und ein Mini-Vorhängeschloss, das an dem Kästchen angebracht wird (der Lehrer verwahrt den Schlüssel dazu).

⚙ So geht's

Das Kästchen steht an einem festen Platz im Klassenzimmer und kann jederzeit von allen Schülern benutzt werden, um einen Brief zu einem persönlichen Problem einzuwerfen. Sie äußern sich darin beispielsweise über Sorgen, Kummer oder Ärger.

Richtet sich der Inhalt des Briefes an die ganze Klasse oder an mehrere Schüler und wird es gewünscht, im Kreisgespräch darüber zu sprechen, so muss dies auf dem Brief notiert werden.

Möchte ein Kind nur den Lehrer oder ein einzelnes Kind „unter vier Augen" sprechen, so muss auch dies im Brief festgehalten werden.

Der Lehrer liest die Briefe und kümmert sich um die Bearbeitung des Problems.

↻ Tipp

Lassen Sie die Schüler das Kästchen regelmäßig auf Briefe überprüfen (Schüttelprobe).

 # Feedbackspiel

☀ Ziel

Bei diesem gewaltpräventiven Kommunikationstraining lernen die Schüler, sich nach festen Regeln in respektvoller Weise gegenseitig Rückmeldungen zu geben, z.B. über ihr Verhalten in der Klassengemeinschaft oder ihr Arbeitsverhalten. Dabei wird auch die Bereitschaft, zuzuhören und Kritik anzunehmen, sowie die Selbst- und Fremdwahrnehmung gefördert und damit ein wichtiger Grundstein für die Entstehung positiver, beständiger Beziehungen innerhalb der Klasse gelegt.

✂ Material/Vorbereitung

Sie benötigen Wortkarten mit Satzanfängen für das Feedbackspiel.
Führen Sie die Regeln für das Spiel in der Klasse ein.

✬ So geht's

Die Rückmeldemöglichkeiten bewegen sich auf fünf Ebenen: das Verhalten eines Mitschülers kann mit Lob, Kritik oder starker Ablehnung kommentiert werden, es können Wünsche für zukünftiges Verhalten geäußert werden, aber auch Entschuldigungen für eigenes Fehlverhalten. Für jede Kategorie der Rückmeldung gibt es Kärtchen mit geeigneten Satzanfängen. Je nach situativem Bedürfnis können die Schüler die passende Rückmeldekarte wählen.

Hierfür versammelt sich die Klasse im Sitzkreis. In der Mitte liegen die Satzanfänge der fünf Rückmeldeebenen. Die Regeln werden an dieser Stelle nochmals erklärt. Jedes Kind nimmt eine vorgegebene Anzahl von Satzanfängen auf. Die Schüler geben sich nacheinander eine persönliche Rückmeldung. Die Kinder, die eine Rückmeldung erhalten, nehmen diese wortlos entgegen und behalten die entsprechende Wortkarte bei sich.

Dabei können sowohl positiv bestärkende Rückmeldungen als auch kritische Anregungen an einen Mitschüler weitergegeben werden.

Die Regeln müssen unbedingt von allen eingehalten werden.

☺ Tipps

Sie können das Feedbackspiel selber herstellen oder beim ELL-Verlag (www.ell-verlag.de) bestellen.

 45 Vertrauensspiele

 Ziel

Spiele dieser Kategorie sollen das Vertrauen in die Klassenkameraden herstellen und damit die Klassengemeinschaft stärken.
Die Schüler erfahren, dass sie sich auf die Klassenkameraden verlassen können.
Die Spiele setzen voraus, dass sich die Schüler schon gegenseitig „beschnuppert" haben, sind also nicht gleich zu Beginn des 5. Schuljahres einsetzbar.

Material/Vorbereitung

Wählen Sie geeignete Vertrauensspiele aus.

So geht's

Beim Roboterspiel stehen jeweils zwei Schüler hintereinander im Raum. Der Vordermann schließt die Augen oder bekommt sie mit einer Augenbinde verbunden. Nun muss er durch seinen Hintermann durch den Raum gesteuert werden, ohne mit anderen Robotern, die sich gleichzeitig im Klassenzimmer bewegen, zusammenzustoßen. Hierzu legt der Hintermann seine Hände auf die Schultern des Roboters: Klopft er mit beiden Händen gleichzeitig auf die Schultern, muss der Roboter sich in Bewegung setzen bzw. anhalten. Druck auf die linke Schulter bedeutet nach links, Druck auf die rechte Schulter entsprechend nach rechts bewegen. Es können auch andere Zeichen auf dem Rücken vereinbart werden. Nach einer bestimmten Zeit berichten die Roboter ihren Steuermännern, wie sicher geführt sie sich fühlten, und dann erfolgt ein Rollenwechsel.

Beim Spiel „Fallen lassen" stehen ebenfalls zwei Schüler direkt hintereinander. Der vordere Schüler macht sich steif und lässt sich auf seinen Hintermann fallen. Der fängt ihn mit seinen Händen ab und schubst ihn sanft wieder zurück.
Das Spiel funktioniert auch in einem kleinen, engen Kreis aus ca. acht Schülern. Ein Schüler steht in der Mitte und lässt sich in eine beliebige Richtung fallen, wird aufgefangen und sanft zurück in die Mitte geschubst, von wo er sich wieder in den Kreis fallen lässt und so fort.

Wichtig ist, den Schülern die Bedeutung und Verantwortung bei diesen vertrauensbildenden Maßnahmen klarzumachen, um möglichen Unfug zu verhindern.

 Tipps

Weitere Spiele dieser Art wurden in der Abenteuerpädagogik entwickelt. Sie fördern sowohl das Verantwortungsbewusstsein als auch Selbstüberwindungskräfte und Vertrauen in die Gemeinschaft in gefährlicheren und damit aufregenderen Situationen.

 ## Stoppschilder und Pokale

☀ Ziel

Wie beim Feedbackspiel wird bei dieser Methode das Geschehen der Woche noch einmal reflektiert, die Schüler können sich auf respektvolle Weise gegenseitig sowohl Lob als auch Kritik am Verhalten rückmelden. Es handelt sich um ein vereinfachtes, gewaltpräventives Kommunikationstraining.

✂ Material/Vorbereitung

Bereiten Sie kleine folierte Bilder von Stoppschildern und Pokalen vor.

⚙ So geht's

Als Wochenabschluss-Ritual können Sie im Sitzkreis zwei Symbole (Pokale oder Stoppschilder) einsetzen, von denen jedes Kind maximal jeweils eines nehmen darf. Reihum oder nach Aufrufen sollen die Schüler ihre Schilder entweder direkt an Personen geben oder sie in die Mitte legen. Dabei wird jeweils in der Ich-Form begründet, warum jemand einen Pokal als Lob erhält oder weswegen das Stoppschild für ein Verhalten oder eine Angelegenheit vergeben wurde. Dazu sagt der Schüler, warum es als schlecht, störend oder verletzend empfunden wurde („Ich gebe dir, …, ein Stoppschild, weil es mich gestört hat, dass …"). Dadurch, dass Begründungen bereits dabei sind, können die Aussagen unkommentiert stehen bleiben.
Am Ende der Runde werden die Kärtchen wieder eingesammelt und im Pult aufbewahrt.

↻ Tipps

Neben Gesprächsregeln im Sitzkreis sollten mit der Klasse folgende Regeln besprochen werden:
- ≈ Eine Rückmeldung darf zwar direkt, aber nicht verletzend sein.
- ≈ Es geht bei den Aussagen um das Verhalten und nicht um die Person selbst.
- ≈ Jeder hat das Recht, seine Meinung frei zu äußern.
- ≈ Formuliert wird in der Ich-Form und mit kurzer Erklärung.

In Ausnahmefällen kann es sinnvoll sein, über eine Aussage zu sprechen bzw. dem Angesprochenen eine Antwort zu erlauben, das sollte aber nicht zur Gewohnheit werden.

Die Kinder, die zwei Symbole verteilen, sollen mit der Kritik anfangen, denn oft bleibt das zuletzt Gesagte, in dem Fall das Lob, besser im Gedächtnis.

Damit Sie sich als Lehrer zurücknehmen können, lassen Sie das Kind, das fertig ist, das nächste aufrufen. Je nach Jungen-Mädchen-Anteil kann man dabei vereinbaren, dass die Jungen ein Mädchen bestimmen müssen und umgekehrt.

5

Besondere Aktivitäten

Feste, Feiern und Ausflüge sind die beste Gelegenheit, sich richtig kennen-zulernen. Schüler schätzen diese Extra-Aktivitäten, sie wissen, dass sie keine Selbstverständlichkeit sind. Jeder engagiert sich auch nach der Unterrichts-zeit für die Klasse, das fördert den Zusammenhalt.

Solche außerunterrichtlichen Aktivitäten können auch als Belohnung, als positive Verstärker für eine gute Arbeitsleistung oder gutes Verhalten eingesetzt werden.

47 Lesenacht

Ziel

Der Zusammenhalt innerhalb der Klasse wird gefördert und Lesen als etwas Angenehmes erlebt.

Material/Vorbereitung

Legen Sie mit der Klasse Termin, Zeitrahmen und Ablauf fest, und informieren Sie die Eltern schriftlich.
Suchen Sie eventuell mit den Kindern ein Thema/eine Lektüre aus.
Besprechen Sie mit ihnen Verhaltensregeln, und klären Sie ab, was sie für die Übernachtung und die Mahlzeiten benötigen.
Sprechen Sie weitere mögliche Aufsichtspersonen an.

So geht's

Nach einem eventuell von den Eltern mitgestalteten Essen (Pizza, Salatvariationen, Buffet etc.) gibt es eine Lesezeit, zu der jedes Kind mindestens ein Buch mitbringt. Einzelne Kinder können in diesem Rahmen auch ihre Lektüre den anderen vorstellen. Möglich ist auch, eine Ganzschrift einzuführen und darin abwechselnd zu lesen.
Wer die Lesezeit nicht zu lange ausdehnen möchte, kann ein Bücherquiz durchführen, einen Film zeigen oder Brett- und Gesellschaftsspiele machen. Nach einer Übernachtung im Klassenzimmer rundet ein gemeinsames Frühstück die Veranstaltung ab.

Tipps

Sinnvoll ist es, die Kinder per Fragebogen zu ihren Wünschen und Erwartungen zu befragen und sie so mit in die Planung einzubeziehen.

Die Einführung einer Ganzschrift kann über eine gemeinsame „Schatzsuche" im Schulhaus erfolgen.

Gemeinsames Essen stärkt das Zusammengehörigkeitsgefühl, es reicht jedoch auch, wenn sich jeder einen eigenen kleinen Imbiss mitbringt, der dann gemeinsam verzehrt wird.

Es sollte darauf geachtet werden, dass neben dem Lehrer zumindest eine weitere Aufsichtsperson mit in der Schule übernachtet. Eltern z.B. könnten hierbei unterstützen.

 **Gemeinsame Planung eines Klassenausflugs**

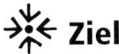 Ziel

Beim gemeinsamen Planen von Klassenausflügen erlernen die Schüler Grundprinzipien einer demokratischen Gesinnung: sich für ihre Interessen einzusetzen, sich andererseits anderen Argumenten zu öffnen und sich schließlich als Teil einer Gemeinschaft auch ggf. einmal unterzuordnen. Außerdem werden Eigenständigkeit, Planungs- und Organisationskompetenzen geschult.

✂ Material/Vorbereitung

Sammeln Sie Schülervorschläge, besorgen Sie ggf. Prospekte, und stellen Sie einen Internetzugang zur Verfügung.

 So geht's

Erstes Sammeln von Vorschlägen: Die Schüler nennen ihre Vorschläge, und ein Schüler oder der Lehrer notiert die Idee z.B. auf einem Plakat oder einer Folie für den Tageslichtprojektor. Natürlich kann auch der Lehrer Vorschläge mit einbringen.

Ausarbeitung und detaillierte Vorstellung der Vorschläge: Die Schüler arbeiten in Kleingruppen einen Vorschlag genauer aus, um ihn später der Klasse zu präsentieren. Sie verwenden dazu Prospekte, recherchieren im Internet, befragen Eltern oder andere Personen, die sachkundig sind. Dabei sollen neben, der Beschreibung des Ausflugziels, auch schon ungefähre Kosten, Reisezeit, Transportmittel etc. dargestellt werden.

Entscheidungsfindung: Es ist sinnvoll, vor einer Abstimmung Argumente für oder gegen die einzelnen Vorschläge in der Klasse auszutauschen. Oft zeichnet sich dabei schon ab, dass einzelne Vorschläge einen großen Nachteil haben, der sie bereits von der engeren Wahl ausschließt. Die verschiedenen Für und Wider zu jedem Vorschlag können auf dem Plakat oder der Folie notiert werden.

Dann stimmen die Schüler ab, welchen Vorschlag sie am besten finden.
Sie können auch jedem Schüler z.B. drei Punkte zur Verfügung stellen, die er auf die Vorschläge nach seiner Wahl verteilen darf (Kumulieren möglich).

Organisation: Die Detailplanung kann nun wieder von Schülern mit übernommen werden, z.B. informiert sich eine Gruppe über den Fahrplan zu den Reisezeiten, eine andere holt Kostenangebote von Reiseveranstaltern ein oder überlegt sich, was sie alles mitbringen sollen, stellt auf einer Karte die Reise-, Wanderroute dar usw.

⟳ Tipps

Bei der Diskussion zur Entscheidungsfindung müssen Sie ggf. auf die Sachlichkeit beim Argumentieren hinweisen: Die Argumente dürfen sich nur gegen den Vorschlag und nicht gegen die Personen richten, die ihn präsentiert haben. Ebenso müssen die Schüler lernen, Kritik an dem von ihnen vorgestellten Vorschlag zu akzeptieren.

 49 Klassen-Reisetagebuch

☀ Ziel

Die Schüler verschriftlichen gemeinsame Erlebnisse bei außerunterrichtlichen Veranstaltungen und festigen so das Erlebte. Das Tagebuch wird dazu beitragen, dass der Aufenthalt den Kindern in Erinnerung bleibt.

✂ Material/Vorbereitung

Im Vorfeld sollten Sie abklären, wer sich um welche Eintragung kümmert. Stellen Sie ein Buch oder einen Schnellhefter bereit, dazu eventuell einen Fotoapparat. Sie können darüber hinaus Kopiervorlagen zur Gestaltung anbieten. Nehmen Sie Material, wie Buntstifte, Schere, Kleber etc., mit.

✺ So geht's

Nimmt die Klasse an einer Veranstaltung außerhalb der Schule, beispielsweise einem Landschulheimaufenthalt oder einer Klassenfahrt, teil, bietet sich das Führen eines Klassen-Reisetagebuchs an: Die Kinder machen sich täglich während des Ausflugs einzeln oder in Kleingruppen Notizen und fassen diese abends zu einem Beitrag zusammen. Die Schüler können ihre Texte vielfältig gestalten. Das Reise-Tagebuch kann sowohl Erfahrungsberichte, Gedichte, Rätsel als auch Bilder, Zeichnungen, Fotos u.Ä. enthalten. Ggf. kann man das Klassen-Reisetagebuch am Ende des Schuljahres auch kopieren und jedem Schüler in gebundener Form schenken.

☾ Tipps

Im Vorfeld können Sie die Gestaltungsmöglichkeiten mit den Schülern besprechen.

Das Reisetagebuch kann bei späteren Klassenfahrten oder Tagesausflügen weitergeführt werden.

 **Spielenachmittag**

 Ziel

Die Kinder haben die Möglichkeit, außerhalb der üblichen Unterrichtszeiten ihre Klassenkameraden beim gemeinsamen Spielen besser kennenzulernen.

Material/Vorbereitung

Fordern Sie die Schüler auf, verschiedene Karten-, Brett- und Gesellschaftsspiele mitzubringen.
Planen Sie mit der Klasse den möglichen Ablauf des Nachmittags, und schreiben Sie Einladungen dazu.

So geht's

Beteiligen Sie die Kinder an der Planung des gemeinsamen Nachmittags: Lassen Sie eine Einladung schreiben, und klären Sie ab, wer welches Spiel zur Verfügung stellen wird.
Im Klassenzimmer können die Tische zu Gruppentischen zusammengestellt werden, sodass sich jeweils Kleingruppen mit einem Spiel beschäftigen.
Bei schönem Wetter können Sie den Schulhof mit einbeziehen oder die Veranstaltung auf eine direkt vor Ort oder nahe gelegene Wiese verlegen.

Tipps

Sinnvoll ist es, Eltern oder Geschwister in die Veranstaltung mit einzubeziehen. Es bietet sich an, im Fach Deutsch entweder vor oder nach dem Spielenachmittag das Verfassen von (Spiel-)Anleitungen zu behandeln; das Lesen und Befolgen solcher wird hier spielerisch geübt, und den Kindern wird bewusst, wie wichtig die genauen Formulierungen dabei sind.

Eventuell können am Spiele-Nachmittag auch von den Kindern selbst ausgedachte Spiele (plus eigener Spielanleitungen) zum Einsatz kommen.

Viele Stadtbüchereien bieten Brettspiele zum Ausleihen an, wenn z.B. nicht genügend Spiele vorhanden sind oder die Schüler neue ausprobieren möchten.

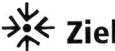 51 Bibliotheksbesuch

Ziel

Es wird ein Ort vorgestellt, an dem es kostenloses „Lesefutter" gibt: Dadurch wird die Motivation zum Lesen gefördert. Dass auch andere Medien dort ausgeliehen werden können, ist dem einen oder anderen Kind nicht bewusst. So können ihnen dort bereitgestellte Hörbücher oder auch CDs ebenfalls Literatur näherbringen.

✂ Material/Vorbereitung

Informieren Sie schriftlich die Eltern über den Besuch, und vereinbaren Sie einen Termin für Schulklassen bei der Bibliothek.

⚙ So geht's

Machen Sie einen Termin mit der örtlichen Bücherei aus: Lassen Sie sich dort mit der Klasse die Räume zeigen und die Ausleihbedingungen erklären. Die Kinder, die sich bereits auskennen, können hierbei mit einbezogen werden und den anderen von ihren Erfahrungen bzw. Ausleihgewohnheiten berichten.
Vielleicht ist es auch möglich, dass den Kindern vor Ort etwas vorgelesen wird.
Ganz besonders motivierend sind auch Autorenlesungen, die in der Bücherei stattfinden.

☺ Tipps

Sie können den Kindern vermitteln, dass sie außerhalb der Schule, insbesondere auch bei schlechtem Wetter, die Bücherei als Treffpunkt nutzen, an dem sie gemeinsam Zeit verbringen können. Zwar sollen sich die Kinder dort ruhig verhalten, teilweise gibt es aber auch Spielecken, oder man kann gemütlich schmökern.

Bei „Detektivaufgaben" oder Arbeitsaufträgen, die das eigenständige Beschaffen von Informationen beinhalten (s.S. 136), kann auf die Bücherei verwiesen werden.

6

Organisationshilfen für eine ruhige Arbeitsatmosphäre

Erfolgreicher Unterricht setzt konzentriertes Arbeiten in einer angenehmen und ruhigen Arbeitsatmosphäre voraus. Um diese zu schaffen, sollten Lehrer Ursachen möglicher Störungen und Unruhen bestimmen und entsprechende störungspräventive Maßnahmen ergreifen.

Daher umfassen die Tipps in diesem Kapitel neben organisatorischen Empfehlungen zum Classroom-Management auch Hinweise für einen reibungslosen Unterricht mit klaren Rahmenbedingungen bei abwechslungsreichen Unterrichtsstrukturen.

52 Anordnung der Tische im Klassenzimmer

⚛ Ziel

Eine gute Anordnung der Tische kann je nach Unterrichtssituation einen schnellen Wechsel zwischen Gruppen- und Frontalunterricht ermöglichen.

✂ Material/Vorbereitung

Eventuell benötigen Sie einen Grundriss des Klassenzimmers für die Planung.

⚙ So geht's

Es ist notwendig, dass Sie zunächst mit den Kollegen, die in der Klasse unterrichten, absprechen, welche Tischordnung sich für den geplanten Unterricht eignet. Erfolgt Frontalunterricht mit Einzel- und Partnerarbeit sowie Arbeitsphasen in kooperativen Kleingruppen, dann ist die klassische Frontalausrichtung der Tische zu empfehlen.

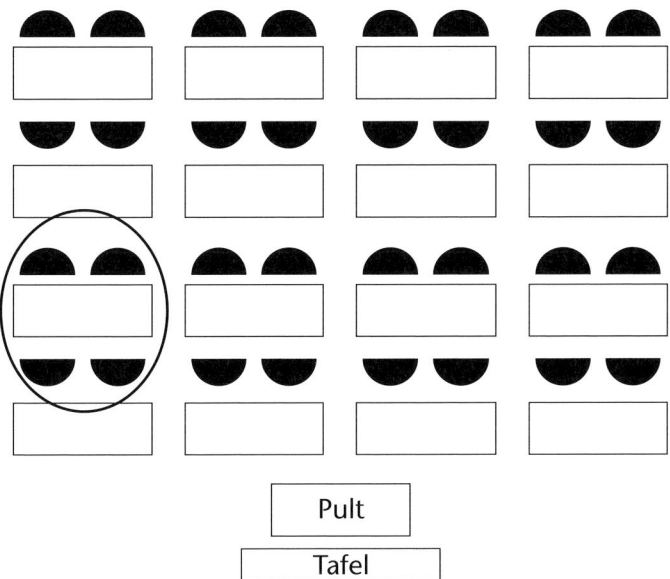

Für das kooperative Arbeiten in Kleingruppen brauchen jeweils zwei Schüler lediglich ihre Stühle umzudrehen, und schon sind 4er-Gruppen gebildet.

53 Sitzordnung

☀ Ziel

Mit einer bewusst gewählten Sitzordnung schaffen Sie eine Grundvorausset-
zung für eine ruhige Arbeitsatmosphäre und effektives Lernen.

✂ Material/Vorbereitung

Besorgen Sie sich eine Klassenliste, eventuell auch eine Leistungs-Rangliste der
Schüler.

⚙ So geht's

Neben der Anordnung der Tische und Stühle spielt auch die Entscheidung,
wo und neben wem die einzelnen Schüler sitzen, eine entscheidende Rolle
für den Unterricht.

Weisen Sie jedem Schüler seinen Platz zu. Achten Sie dabei auf die mögliche
Zusammensetzung von Kleingruppen (s. S. 83). Deshalb sollten Sie folgende
Kriterien berücksichtigen, um heterogene Gruppen zu erhalten:

≈ Leistungsstand der Schüler (möglichst einen Schüler aus dem leistungs-
   stärkeren Viertel, zwei aus dem Mittelfeld und einen aus dem schwäche-
   ren Viertel für eine Kleingruppe zusammensetzen)

≈ Geschlecht (Jungen und Mädchen in den Gruppen mischen)

≈ Herkunft (Schüler mit Migrationshintergrund mit deutschen Kindern
   mischen)

≈ Verhalten (Schüchterne mit Lebhafteren mischen)

≈ Schülerwünsche eventuell berücksichtigen

↻ Tipps

Um die Akzeptanz der Festlegung der Sitzordnung durch den Lehrer bei den
Schülern zu erhöhen, erklären Sie ihnen im Vorhinein, warum es für das Lernen
wichtig ist, dass Sie die Sitzordnung bestimmen und dass die Schlüsselkom-
petenz Teamfertigkeit voraussetzt, dass man mit jedem in der Klasse
zusammenzuarbeiten lernt.

Die Sitzordnung sollte nach überschaubaren Zeiträumen neu festgelegt
werden, z.B. nach jedem Ferienabschnitt.

Zu Beginn des 5. Schuljahres kann es auch ratsam sein, die Schüler nach einem Zufallsprinzip zu platzieren, bis man über genauere Kenntnis zu Leistungen und Verhalten verfügt.

 54 Sitzkreis bilden

 Ziel

Die Kinder lernen, schnell und leise einen Sitzkreis zu bilden, um z.B. für die Klassengemeinschaft wichtige Regeln bzw. Maßnahmen zu besprechen oder ein Thema einzuführen. Die Kinder können hier auf direktem Wege miteinander und mit der Lehrkraft kommunizieren.

Material/Vorbereitung

Teilen Sie die Klasse in Kleingruppen (max. sechs Schüler) ein, und kennzeichnen Sie die Kleingruppen mit Hilfe von Farben, Zahlen oder Piktogrammen. Halten Sie eine Stoppuhr bereit.

So geht's

Für den Sitzkreis muss grundsätzlich ausreichend Platz vorhanden sein oder mit mäßigem Aufwand geschaffen werden können. Die Bildung des Sitzkreises sollte nach einem bestimmten Ablauf mit den Kindern eingeübt werden. Jedes Kind muss wissen, welcher Kleingruppe es angehört, wann es in den Sitzkreis aufschließt und wo im Kreis sein Platz ist. Beispielsweise beginnt dazu die Kleingruppe ●, die ihre Stühle nebeneinander auf eine tatsächlich sichtbare oder gedachte Kreislinie stellt, dann kommt Gruppe ■ mit ihren Stühlen dazu, danach Gruppe ▲ etc. (natürlich können auch Zahlen, Buchstaben oder Gruppennamen verwendet werden). Die Klasse und der Lehrer entscheiden daraufhin gemeinsam, wie der Ablauf der Kreisbildung zu bewerten ist.
Eine Stoppuhr und anschließende Reflexion bei den ersten Malen, gepaart mit Lob für die Verbesserung, führen meist sehr schnell zu dem gewünschten Resultat.

Tipps

Markieren Sie den Sitzkreis mit Kreide oder Kreppband am Boden.

Die Reihenfolge, in der die Kleingruppen in den Kreis kommen, kann an der Tafel visualisiert werden. Zusätzlich können die entsprechenden Symbole der Kleingruppe auch mit Klebeband auf die Schülertische geklebt werden.

Der Sieger eines Spiels, z.B. der Kopfrechen-König oder Sieger beim Vokabel-Turnier, bestimmt den Aufbau des Stuhlkreises. Hier wäre denkbar, dass dieser Schüler während einer Ruhephase die Kinder „weckt" und in den Sitzkreis entlässt. Dabei darf nicht gesprochen werden.

55 Akustische Ruhesignale

 Ziel

Die Klasse soll nonverbal in eine ruhige Arbeitsatmosphäre zurückgeführt werden.

✂ Material/Vorbereitung

Beschaffen Sie ein Ruhesignal, oder stellen Sie eines selbst her.
Besprechen Sie mit den Schülern die Regeln für das Ruhesignal.

⚙ So geht's

Das eingeführte Ruhezeichen, wie Klangschale, Klangstab, Regenrohr etc., ertönt als nonverbale Aufforderung zu mehr Konzentration und Stille.

↻ Tipp

Ein zurückhaltender, überlegter Einsatz des Signals erhält seine Wirkung!

 **Visuelle Ruhezeichen**

 Ziel

Mit Hilfe eines visuellen Ruhezeichens (z.B. Handheben, Stoppschild usw.) wird schnell und wirkungsvoll Ruhe herbeigeführt.

✂ Material/Vorbereitung

Bereiten Sie ggf. die gewählten Zeichen vor, und legen Sie sie in der Stunde bereit.

So geht's

Möchten Sie während einer Gruppenarbeitsphase den Geräuschpegel senken, können Sie z.B. mit farbigen Symbolen an der Tafel arbeiten: Ein grüner, ein gelber und ein roter Kreis symbolisieren Teile einer Ampel. Bei Grün hört man gedämpfte Gespräche, die Gruppen arbeiten leise miteinander. Wird der gelbe Kreis in die Mitte der Tafel gehängt, bedeutet das, dass es zu laut geworden ist und die Schüler wieder leiser miteinander reden müssen. Bei Rot muss die Gruppenarbeit auf Grund der Lautstärke zumindest unterbrochen, wenn nicht abgebrochen werden.

Am Ende einer Gruppenarbeitsphase oder um eine allgemeine Unruhephase zu beenden, hebt der Lehrer die Hand oder zeigt z.B. ein Stoppschild. Die Schüler, die das Signal sehen, dürfen ihren Satz noch beenden und heben dann ebenfalls die Hand. Nach und nach heben alle Schüler ihre Hand, und es kehrt Ruhe ein.

☺ Tipp

Dauert diese Phase zu lange, kann der Lehrer zusätzlich langsam und deutlich bis drei zählen, danach ist kein Reden mehr gestattet. Spricht ein Schüler weiter, zieht dies für ihn eine unangenehme Konsequenz nach sich, z.B. eine Strafarbeit.

57 Transparenz des Stundenablaufs

Ziel

Die Schüler erhalten einen klaren Rahmen zum Stundenverlauf, damit sie sich orientieren und sicher fühlen können. So können sie sich besser auf die Inhalte konzentrieren.

Material/Vorbereitung

Sie benötigen ggf. Tafel und Kreide.

So geht's

Notieren Sie den geplanten Verlauf der Unterrichtsstunde an der Tafel. Nach jeder Phase können Sie den entsprechenden Punkt abhaken.

Tipp

Große Sicherheit geben auch Unterrichtsstunden, die immer nach dem gleichen Muster ablaufen (in Mathematik z.B.: Kopfrechenübung, Wiederholungsaufgabe im Heft, Erarbeitung oder Übung mit einem Partner oder in Kleingruppen …).

 **58 Die festen Arbeitsabläufe der Woche**

 Ziel

Den Schülern werden feste Lernstrukturen angeboten, und damit wird Transparenz im Unterricht geschaffen.

Material/Vorbereitung

Bereiten Sie einen übersichtlichen Tafelanschrieb für die folgende Woche vor oder erstellen Sie ein Plakat, auf dem die wöchentlichen Arbeitsabläufe dargestellt sind.

 So geht's

Bauen Sie zu bestimmten Zeiten wöchentlich wiederkehrende Arbeitsabläufe, wie beispielsweise die Wochenplanarbeit oder Lesezeit, in den Unterricht ein. Dadurch bekommt die Woche eine feste Struktur, an der sich die Schüler orientieren und selbstverantwortliches Lernen einüben können.

Tipps

Beispiele für konkrete, wöchentlich wiederkehrende Aktivitäten:
≈ der Montag-Morgenkreis/der Wochenabschluss-Stehkreis (s. S. 41, 43)
≈ jede Woche in der gleichen Stunde einen Vokabeltest schreiben oder Vokabeln abhören
≈ Wochenplanarbeit in festgelegten Unterrichtsstunden
≈ die Wochen-Hausaufgabe mit festen Abgabeterminen (s. S. 131)
≈ feste Lesezeiten (s. S. 99)

59 Zeitvorgaben zum schnellen Beginn und für zügiges Arbeiten

 **Ziel**

Die Schüler beginnen nach einer Arbeitsanweisung sofort mit der Aufgabe und arbeiten zügig und zielorientiert.

✂ Material/Vorbereitung

Legen Sie eine Stopp- oder Eieruhr bereit.

✷ So geht's

Geben Sie den Schülern zu jedem Arbeitsauftrag auch eine Zeitvorgabe. Diese sollte knapp bemessen sein, damit die Schüler mit ihrer Zeitressource nicht großzügig umgehen können, sondern möglichst sofort mit der Arbeit beginnen.

Wenn Sie die Zeit regelmäßig stoppen, gewöhnen sich die Schüler schnell diese Arbeitshaltung an.

☉ Tipp

Falls die Schüler für die Arbeitsphase doch mehr als die vorgegebene Zeit benötigen, können sie das auch nonverbal signalisieren: Sie heben am Ende der vorgegebenen Zeit die Hand und zeigen mit den Fingern, wie viele Minuten sie noch wünschen. Dann können Sie je nach Ihrer Einschätzung einen (meist etwas reduzierten) Zeitzuschlag gewähren.

 **Piktogramme für Sozialformen**

 **Ziel**

Die nonverbale Kommunikation zwischen Schüler und Lehrer soll gestärkt sowie Ruhe und Struktur in den Unterrichtsablauf gebracht werden.

 **Material/Vorbereitung**

Wählen Sie Piktogramme aus, stellen Sie diese aus buntem Tonpapier her, und laminieren Sie sie.
Führen Sie die Piktogramme in Ihrer Klasse ein.

 **So geht's**

Um einen Wechsel der Sozialformen, wie Einzelarbeit, Partnerarbeit, Gruppenarbeit, Stuhlkreis etc., anzuzeigen, gibt es die Möglichkeit, Piktogramme einzusetzen. Hier können Sie beispielsweise mit Smileys, ansprechenden Bildern o.Ä. arbeiten. Vorteil des Einsatzes der Piktogramme ist eine Rhythmisierung der Unterrichtsabläufe: Die Kinder werden nonverbal zu einer Arbeitsform aufgefordert und führen diese ohne Fragen oder Verzögerungen aus.

Tipps

Wählen Sie die Piktogramme zusammen mit den Schülern aus.

Führen Sie die Symbole nacheinander ein, und setzen Sie erst das nächste ein, wenn sich die Schüler an die bestehenden gewöhnt haben.

Der Einsatz der Piktogramme bietet sich auch bei der Arbeitsplanarbeit an (s. S. 103).

 61 Ampelkärtchen

 Ziel

Mit Hilfe der Ampelkärtchen kann der Lehrer schnell von jedem Schüler jederzeit nonverbales Feedback oder eine Antwort auf Entscheidungsfragen erhalten.

 Material/Vorbereitung

Bereiten Sie die Ampelkärtchen vor: für jeden Schüler ein grünes, ein gelbes und ein rotes Kärtchen, hergestellt aus farbigem, laminiertem Tonpapier.

So geht's

Nachdem jeder Schüler ein Set Ampelkärtchen erhalten hat, geben Sie die Bedeutung der Farben als nonverbale Signale bekannt:
Die Schüler können z.B. bei Störungen die rote Karte zeigen (als Störung ist jede Situation gemeint, die einen Schüler an der Mitarbeit hindert). Auch wenn Schüler nicht mehr mitkommen, etwas nicht verstehen oder bei Kopf- oder Bauchschmerzen können sie die rote Karte zeigen. So können Sie direkt nachfragen und auf das Problem eingehen. Die grüne Karte wird dann gezeigt, wenn Schüler einen Arbeitsauftrag erledigt haben.
Sie können mit Hilfe der Ampelkärtchen aber auch eine Antwort von allen Schülern nonverbal und gleichzeitig erhalten. Fragen Sie beispielsweise nach der Meinung der Schüler, kann grün für Zustimmung, gelb für unentschieden und rot für Ablehnung stehen, oder grün steht für „hat mir gefallen", gelb für „hat mir teilweise gefallen" und rot für „hat mir nicht gefallen".
Auch im Fachunterricht können Sie die Kärtchen einsetzen, wenn Sie zwei oder drei verschiedene Antwortmöglichkeiten haben, z.B.: „Handelt es sich bei dem Ergebnis um eine gerade (grün) oder ungerade (rot) Zahl?" Oder: „Ist dieser Satzteil das Subjekt (gelb), das Prädikat (rot) oder das Objekt (grün)?" Oder auch: „Stimmt Antwort a (rot), b (gelb) oder c (grün)?"

 **Helfersystem bei Einzel- oder Freiarbeit**

 **Ziel**

Durch das Helfersystem erhalten bedürftige Schüler durch Mitschüler schnell Unterstützung, wenn sie mit einem Arbeitsauftrag allein nicht weiterkommen.

✂ **Material/Vorbereitung**

Jeder Schüler benötigt zwei verschiedenfarbige Kärtchen (z.B. rotes und grünes Ampelkärtchen, s. S. 94).

So geht's

Manchmal scheint es wie verhext: Die Schüler haben ihre Arbeitsaufträge mündlich und schriftlich erhalten, sie sollen nun konzentriert und leise ihre Aufgaben bearbeiten. Die meisten beginnen mit der Arbeit, aber es melden sich auch sofort einige andere, die Hilfe benötigen. Da Sie sich nur jeweils einem Schüler zuwenden können, warten die anderen bis sie an der Reihe sind, während wertvolle Unterrichtszeit verstreicht. Andere suchen sich einstweilen eine andere Beschäftigung, die sich nicht selten als störend erweist. Mit dem Helfersystem wird dieses Problem behoben: Während Einzel- oder Freiarbeitsphasen signalisieren Schüler, wenn sie Hilfe benötigen, indem sie die rote Karte gut sichtbar auf dem Tisch vor sich hinlegen oder sie auch in die Höhe halten. Schüler, die sich fit fühlen, dürfen zu diesen gehen und sie kurz beraten. Die Schüler, die den Arbeitsauftrag bereits erfolgreich beendet haben, signalisieren mit der grünen Karte, dass sie nun auch für weitere Unterstützung zur Verfügung stehen. Jetzt können Schüler mit Problemen bei ihnen ausführliche Unterstützung erhalten.

Tipp

Manchmal gibt es die Möglichkeit, dass die Schüler im Technik-/Werkunterricht kleine Kartenhalter selber herstellen, an denen dann während anderer Unterrichtsstunden die entsprechenden Kärtchen deutlich sichtbar befestigt werden können.

7

Vielfältige Lernanlässe schaffen

Lernen ist ein freiwilliger Akt, deshalb muss Unterricht so organisiert werden, dass möglichst viele Schüler sich gerne auf den Stoff einlassen. Für die – auch im gegliederten Schulsystem – heterogenen Schülergruppen ermöglichen vielfältige Lernanlässe individuelle Lernzugänge sowohl bezüglich der Inhalte (Welches Buch/Gedicht gefällt mir? Welche Aufgabe traue ich mir zu?) als auch hinsichtlich der Zeit, die jeder Schüler zur Erledigung einer Aufgabe benötigt.

Folglich bieten freie(re) Lernformen automatisch Differenzierung und lassen den Schülern Wahlmöglichkeiten, die auch zu eigenverantwortlicherem und möglichst effektivem Lernen führen sollten.

 **Lesezeit**

 Ziel

Die Kinder sollen ans Lesen, insbesondere auch an das stille Lesen, herangeführt werden. Selbstständiges Arbeiten wird geübt.

✂ Material/Vorbereitung

Jedes Kind wählt ein Buch aus.
Richten Sie einen festen Rahmen für eine Lesestunde ein, legen Sie ggf. ein Symbol für die Tafel bereit.

🛠 So geht's

Jeder Schüler sollte ein Buch seines Interesses im Klassenzimmer bereitliegen haben, in dem er liest. Im Rahmen von festen oder wechselnden Lesezeiten, die in die Woche integriert werden und auch z.B. durch ein Piktogramm an der Tafel angezeigt werden können (s. S. 93), kann jedes Kind in seinem Tempo in seinem Buch lesen.
Daraus kann eine spätere Buchvorstellung für die Klassenkameraden entstehen.
Mit einem Lesetagebuch können die Kinder dokumentieren, was sie gelesen haben, wie sie es fanden. Darüber hinaus können sie sogar noch kreative Arbeiten hinzufügen, mit denen sie sich intensiver und persönlicher mit dem Buch auseinandersetzen und auch für sich eine Erinnerung an das Gelesene bzw. das, was sie selber damit assoziieren, haben (s. S. 101).

↻ Tipps

Die Schüler können an verschiedenen Orten im Klassenzimmer oder auch in der Schule lesen. Vielleicht bringen sie sich sogar ein Lesekissen mit, das ihnen überall hilft, ins Buch hineinzufinden.

Lassen Sie sich zu einem bestimmten Thema (z.B. Steinzeit) von der Bücherei eine Lesekiste zusammenstellen. So erhalten die Schüler auch Einblick in verschiedene Bucharten (Romane bis Sachbücher). Damit bekommt jeder die Gelegenheit, herauszufinden, welche Art von Buch ihm am meisten liegt.

Auch können schnell arbeitende Kinder im Anschluss an Stillarbeitsphasen und Klassenarbeiten noch weiter in ihrem Buch lesen.

 Tipp

Bauen Sie in den Arbeitsplan (nach und nach) Aufgaben mit verschiedenen Schwierigkeitsstufen ein, sodass sich die Schüler wahlweise etwa für die leichtere oder anspruchsvolle Aufgabe entscheiden können.

 # Lesetagebuch

 ## Ziel

Die Kinder setzen sich selbstständig mit Gelesenem auseinander und üben, Inhalte schriftlich zusammenzufassen.

 ## Material/Vorbereitung

Die Schüler benötigen DIN-A5-Hefte (z.B. auch übrig gebliebene Hefte aus der Grundschule).

 ## So geht's

Als Dokumentation aus der Lesezeit (s. S. 99) haben sich die DIN-A5-Hefte bestens bewährt.

Die Schüler übertragen im Anschluss ans stille Lesen entweder nach einem Kapitel oder nach einer Seite Notizen zum Inhalt in ihr Heftchen. Diese werden mit Datum, Seitenzahl im Buch, Kapitelüberschrift und eventuell mit kleinen Zeichnungen versehen.

Tipps

Lassen Sie die Lesetagebücher mit einfachem, farbigem Kopierpapier einbinden und individuell gestalten.

Die Schüler lassen die erste Seite im Heft frei (Inhaltsverzeichnis).

Da sich die Schüler zum Lesen ein ruhiges, gemütliches Plätzchen aussuchen sollten, das nicht zwangsläufig am Tisch sein muss, ist dieses kleinere Heftformat von Vorteil.

 **Themenbuffet**

 **Ziel**

Die Schüler üben, sich selbst zu organisieren und zu kontrollieren. Sie finden heraus, was sie für ein Lerntyp sind, und können entsprechende Aufgaben bearbeiten.

 **Material/Vorbereitung**

Stellen Sie ein Angebot an Aufgaben und Materialien bereit, dabei sollte eine Selbstkontrolle durch z.B. Lösungsblätter möglich sein.

So geht's

Bieten Sie, eventuell als Hinführung oder zur Einführung eines bestimmten Themas, unterschiedliche Anregungen, Aufgaben und Materialien an. Die Schüler suchen sich selbstständig eine vorgegebene Anzahl von Aufträgen heraus und bearbeiten diese in Einzel- oder Partnerarbeit. Wichtig ist dabei die Möglichkeit zur Selbst- oder Partnerkontrolle.

Tipps

Schaffen Sie unterschiedliche Zugänge zum Thema (auditive, visuelle und haptische), also nicht nur Arbeitsblätter, sondern auch kleine Versuche und Anschauungsgegenstände „zum Anfassen", Höraufgaben etc.

Je nach Aufgaben ist es günstig, ein Helfersystem einzuführen (s. S. 95).

Lerntheke/Lernzirkel (s. S. 142) sind ähnliche Arbeitsformen, wobei man eine Theke mehr zur Übung oder Vertiefung, ein Buffet mehr zur Einführung oder Erarbeitung eines Themas einsetzen sollte.

 **Arbeitsplanarbeit**

 **Ziel**

Der Lehrer kann einzelne Schüler mit besonderen Schwierigkeiten individuell fördern. Selbstständiges Organisations- und Zeitmanagement wird geübt.

 Material/Vorbereitung

Besprechen Sie im Vorfeld mit den Schülern die Regeln für die Arbeitsplanarbeit.

Stellen Sie geeignete Aufgaben zusammen, eventuell mit Möglichkeiten zur Selbstkontrolle, sprechen Sie sich dazu ggf. mit Kollegen ab.

Schaffen Sie eine ruhige Lernatmosphäre, und bauen Sie feste Arbeitsplanstunden in den Wochenablauf ein.

 **So geht's**

Regelmäßig zu Wochenbeginn erhalten die Schüler einen Arbeits- bzw. Wochenplan. Dieser Plan enthält Aufgaben aus verschiedenen Fächern, die die Schüler selbstständig in Einzel-, Partner- oder Gruppenarbeit bearbeiten. Die Schüler entscheiden dabei selbst, in welcher Reihenfolge sie die Aufgaben lösen. Sie arbeiten daran in festgelegten Unterrichtsstunden und zu Hause.

Wichtig ist hierbei, dass die Schüler den Abgabetermin am Ende der Woche strikt einhalten.

Tipps

Der sachgerechte Umgang mit den Arbeitsmaterialien sollte im Vorfeld eingeübt werden.

Um den Lernerfolg der Kinder überprüfen zu können, bietet sich an, die Arbeitspläne in regelmäßigen Abständen zu benoten. Auch ein Wochentest ist möglich.

Achten Sie auf eine Differenzierung der Aufgaben!

 **Gedichtewerkstatt**

 **Ziel**

Ein persönlicher und individueller Zugang zur Literatur wird oft geschaffen, indem sich Kinder selbst kreativ und produktiv mit Texten beschäftigen, bzw. eigene Texte verfassen. Gedichte eignen sich – auch durch ihre überschaubare Länge – dafür besonders gut, sie können zu fast jedem Thema eingesetzt werden.

 **Material/Vorbereitung**

Suchen Sie jahreszeitlich oder thematisch passende Gedichte aus, und erstellen Sie Beispiele oder „Baupläne" zum eigenen Schreiben von Gedichten. Legen Sie eventuell Bilder oder Realien zur Inspiration, schönes Papier etc. bereit.

So geht's

Einen Themeneinstieg können Sie durch eine alle Sinne anregende Fantasiereise oder das Ertasten von Gegenständen schaffen. Motivieren Sie dann die Kinder, ein kleines Gedichtbuch oder -heft zu diesem Thema zu erstellen. Sie können auch schon im Vorhinein eine Stunde bestimmen, in der die Schüler die Ergebnisse den anderen in Form einer Ausstellung oder durch Vorlesen, Vorspielen etc. präsentieren können. So wird den Kindern der zeitliche Rahmen klar, und sie lernen, ihre zur Verfügung stehende Zeit einzuschätzen und einzuteilen.

Schaffen Sie für die Werkstattarbeit eine ansprechende und anregende Umgebung, in der die Kinder je nach Interessen und Fähigkeiten Möglichkeiten finden, sich mit Gedichten zu beschäftigen. Sowohl schönes Abschreiben und Gestalten sind erlaubt, als auch das Verfassen von Paralleltexten, Schreiben eines Gedichtes nach einem bestimmten Muster oder das Verändern von verschiedenen Vorlagen. Neben der schriftlichen Komponente, ist auch das Einstudieren eines Vortrages, das Vertonen (mit Instrumenten) oder Spielen geeigneter Texte wichtiger Teil des Umgangs mit Gedichten.

☉ Tipps

Es gibt im Internet, in Zeitschriften oder in Buchform sehr viele Ideen und Vorlagen zum Umgang mit oder Schreiben von Gedichten, sodass Sie selbst weniger Material selbst erstellen müssen als vielmehr die Qual der Wahl haben. Zwar sollten Sie die Schüler nicht mit der Anzahl und/oder Schwierigkeit Ihrer Angebote erschlagen, aber dennoch möglichst viele verschiedene Anregungen bieten. Da die Bedingungen je nach Zeitumfang, Vorerfahrungen der Kinder mit Gedichten und freier Arbeit, Leistungsfähigkeit und -bereitschaft sowie Motivation und Kreativität der Schüler in jeder Schulklasse verschieden sind, ist da Ihr Fingerspitzengefühl gefragt.

Erfahrungsgemäß haben manche Kinder Probleme mit zu freien Arbeitsaufträgen, sodass man diesen (oder allen) entweder quantitative Vorgaben machen kann (wie viele Gedichte sie abschreiben, selbst verfassen oder verändern sollen) oder ihnen sagt, was ganz konkret von ihnen verlangt wird (beispielsweise drei Gedichte abschreiben, zwei Elfchen, ein Lückengedicht, ein Akrostichon und ein sich reimendes Gedicht erstellen, ein Gedicht vortragen üben usw.).

Beziehen Sie die Kinder in die thematisch passende Gestaltung des Klassenzimmers mit ein, indem Sie sie von zu Hause Poster, Bilder, Realien … mitbringen lassen, die zur kreativen Auseinandersetzung mit dem Thema anregen. Auch Mind-Maps können in Gruppenarbeit erstellt und an die Wand gehängt werden.

Die Schüler haben oft von sich aus den Anspruch, dass ihre Gedichte fehlerfrei sind. Entweder korrigieren Sie deshalb die Schülergedichte, bevor diese schön abgeschrieben werden (eventuell ist ja auch eine Gestaltung am Computer möglich), oder Sie verweisen auf Wörterbücher oder auch auf rechtschreibstarke Kinder als „Rechtschreibhelfer".

Gedichtformen wie Elfchen, Akrostichon, Haiku oder Rondell sind den Schülern oft schon aus der Grundschule bekannt, machen aber immer wieder Spaß, und selbst schwächere Kinder verfassen schnell und mit viel Stolz ihre eigenen Kunstwerke.

Arbeiten Parallelklassen gleichzeitig an einer Werkstatt, können sie sich ihre Ergebnisse gegenseitig präsentieren. Aber auch sonst halten andere Klassen oder Eltern gerne als Publikum her, die Kinder freuen sich jedenfalls über positive Rückmeldung.

Sie können eine Werkstatt gemeinsam mit Kollegen erstellen und das (am besten laminierte) Material nacheinander einsetzen. Vieles ist auch klassen- bzw. themenübergreifend nutzbar (beispielsweise als Lyrik-Kartei mit Beispielen zum Aufbau bestimmter Gedichtformen).

68 Schreibkonferenz

⋇ Ziel

Die Schüler setzen sich mit eigenen Texten auseinander. Kritikfähigkeit soll geübt werden.

✂ Material/Vorbereitung

Erarbeiten Sie zusammen mit den Schülern eine Checkliste (Textmerkmale), und besprechen Sie mit ihnen die Regeln für die Arbeit in der Kleingruppe. Legen Sie evtl. Material für die Gruppenarbeit, wie beispielsweise Rückmelde-kärtchen, bereit.

⚙ So geht's

Nachdem die Schüler in Einzelarbeit eine Geschichte, z.B. aus dem Bereich Erlebniserzählung, Fantasiegeschichte etc., verfasst haben, bilden sie Kleingruppen.

Die Kinder lesen sich ihre Texte gegenseitig vor und geben sich anhand einer Checkliste eine konstruktive Rückmeldung. Im Anschluss daran verändert jeder mit Hilfe der gegebenen Rückmeldungen und/oder eigenen neuen Ideen seinen Text.

Jede Gruppe sucht anschließend die am besten gelungene Geschichte aus, die am Ende der Schreibkonferenz im Plenum vorgestellt wird.

℗ Tipps

Günstig für diese Form des kooperativen Lernens ist eine Gruppengröße von drei bis maximal vier Schülern.

Für die Rückmeldungen der Schüler können neben der Checkliste auch Satzanfänge vorgegeben werden, die einen positiv-konstruktiven Ton in der Gruppe unterstützen.

Beispiele:

≈ Mir hat an deiner Geschichte gefallen, dass…

≈ Lies noch einmal genau Punkt … der Checkliste. Was könntest du an deiner Geschichte dazu verändern?

≈ usw.

69 Klassenbücherei

 Ziel

Kindern, die zu Hause wenige oder keine Bücher haben, soll der Zugang zu geeigneter Literatur erleichtert werden. Vielleser können hier ihren Lesehunger mit einem reichen Angebot passender Literatur stillen.

✂ Material/Vorbereitung

Besorgen Sie viele unterschiedliche Bücher, und bestimmen Sie einen Ort zur Aufbewahrung (Regal oder Schrank). Legen Sie eine Ausleihliste in einem Ordner an.

 So geht's

Legen Sie mit Ihrer Klasse fest, wer sich mit um Ausstattung und Ausleihe der eigenen Klassenbücherei kümmert.

Kinder können z.B. (mit Erlaubnis der Eltern) mit ihrem Namen versehene Bücher den Klassenkameraden zum Lesen zur Verfügung stellen, die sie eventuell zuvor im Rahmen einer Buchvorstellung den Mitschülern „schmackhaft" gemacht haben.

Für jedes Buch sollte es ein Infoblatt geben, auf dem – am besten vom Besitzer – der Inhalt des Buches sowie ein paar grundlegende Informationen zusammengefasst sind. Darauf können auch alle Schüler, die das Buch gelesen haben, ihre Meinung dazu abgeben, indem sie z.B. eine bestimmte Zahl von Sternen, Büchern etc. markieren. Dies schafft für manche Kinder eine Lesemotivation, da sie in der Bibliothek teilweise mit einer zu großen Auswahl überfordert sind. Außerdem werden Lesetipps von Mitschülern eventuell lieber angenommen werden als solche von Außenstehenden.

Zudem sollte der zuständige Schüler oder Lehrer entweder auf diesem Infoblatt oder einer gesonderten Liste unbedingt festhalten, wer wann welches Buch ausgeliehen hat. Auch eine maximale Ausleihzeit von z.B. drei Wochen muss vorher ausgemacht sein. Auch die Rückgabe des Buches sollte vermerkt werden, damit im Falle eines Verschwindens klar ist, wer dafür verantwortlich ist.

☺ Tipps

Sie können mit den Schülern die Abmachung treffen, dass Bücher nicht mit nach Hause genommen werden dürfen, sondern im Rahmen der Lesezeit (s. S. 99) in der Schule gelesen werden sollen.

Halten Sie als Lehrer die Augen offen, und investieren Sie ein wenig Geld in die Ausstattung der Klassenbücherei: Auf Flohmärkten können sie bei gut erhaltenen Kinderbüchern oder auch Comics und Zeitschriften fündig werden (doch Achtung: noch immer gibt es viele Bücher mit alter Rechtschreibung!). Aber auch gut sortierte Secondhand-Bücherläden oder „Spenden" aus dem Eltern- oder Bekanntenkreis können die Bibliothek bereichern. Selbst neue Kinder- und Jugendbücher gibt es oftmals schon für weniger als fünf Euro. Vielleicht kann sich aber auch die Schule an den Anschaffungskosten für Bücher beteiligen, und die Klassenbücherei wird nach und nach sogar zur Schulbibliothek.

8

Bewegung und Entspannung

Gerade der Grundschule entwachsen, verfügen Fünftklässler häufig noch nicht über die Aufmerksamkeitsspanne einer ganzen Unterrichtsstunde. Auch bei wechselnden Unterrichtsaktivitäten nimmt die Konzentration irgendwann ab.

Bewegung und Entspannungsübungen helfen deshalb nicht nur Zappel-philippen, sich anschließend wieder besser zu konzentrieren.

70 Fantasiereisen

 Ziel

Sie geben den Schülern Zeit, sich zu sammeln und zu entspannen, bevor eine nächste Arbeitsphase beginnt.

✂ **Material/Vorbereitung**

Wählen Sie eine geeignete Fantasiegeschichte aus, und sorgen Sie für ein entspanntes Klima.

 **So geht's**

Wählen Sie die Geschichte so, dass die Schüler in die Rolle einer Figur schlüpfen und so selbst ein Teil der Geschichte werden können.
Die Kinder werden zunächst aufgefordert, eine bequeme, entspannte Position einzunehmen. Es ist hilfreich, wenn sie dabei die Augen schließen.
Die Lehrkraft beginnt, in dieser ruhigen Atmosphäre eine fantasievolle Geschichte vorzutragen. Untermalen Sie Ihre Erzählung mit einem passenden Musikstück, das die Kinder beim Zuhören unterstützt. Steigen Sie mit Musik in die Entspannungsphase ein, und lassen Sie die Musik, während Sie sprechen, leise im Hintergrund mitlaufen.

☺ **Tipps**

Eine Fantasiereise eignet sich auch als themenbezogener Einstieg.

Beispieltext:
Lege deinen Kopf gemütlich auf deine Arme, und mache es dir bequem. Du bist entspannt, und deine Muskeln werden ganz locker. Schließe deine Augen, und atme tief ein und aus. Deine Arme und Beine werden schwer, und du spürst, wie du mit jedem Ausatmen noch ruhiger wirst.
Stelle dir vor, du bist an einem wunderschönen Strand am Meer. Die Sonne scheint warm auf dein Gesicht und auf deine Haut, und du hörst die Wellen rauschen. Du bist ganz entspannt. Es ist ein toller Tag mit blauem Himmel. Der Sand sieht so schön aus, ganz weiß und weich, deshalb ziehst du deine Schuhe aus und läufst barfuß den Strand entlang. Auch der Sand ist warm und kitzelt ein bisschen an den Zehen. Es riecht salzig – nach Meerwasser.

Du gehst bis ans Wasser und ein bisschen hinein. Das Wasser ist kühl, aber angenehm. Du schaust aufs blaue Wasser hinaus und genießt die Aussicht. Das Meer rauscht beruhigend, nur ein paar leise kreischende Möwen sind zu hören. Du beobachtest kleine Fische, die direkt vor dir im flachen Wasser herumschwimmen. Sie sehen lustig aus. Auf einmal siehst du ein paar Meter entfernt etwas auf dem Wasser schwimmen. Es wird von den Wellen immer näher zu dir getrieben, und du erkennst, dass es eine Flasche ist. Oh, in der Flasche scheint etwas drin zu sein – es sieht aus wie Papier! Du gehst ein paar Schritte durchs Wasser und holst die Flasche heraus. Der Korken in der Flasche ist mit Klebeband umwickelt, das machst du vorsichtig weg. Du setzt dich in den warmen Sand und ziehst das Papier heraus. Darauf stehen Buchstaben. Du wirst immer neugieriger. Was hat die Flaschenpost zu bedeuten? Ist jemand in Gefahr? Sucht irgendwer neue Freunde? Ist es eine Schatzkarte? Oder noch etwas anderes? Du liest die Nachricht. Was steht denn da? Kannst du es lesen? Aha… Interessant…

Wie reagierst du auf den Brief? Eine Weile hast du noch Zeit. In dieser Zeit kannst du machen, was du willst. Bleibe ruhig, überlege dir, was du tust. Nutze deine letzten Augenblicke hier. Du weißt, dass du heute nicht ewig am Meer bleiben kannst. Aber du darfst bestimmt bald wieder dorthin zurückkehren. Deshalb bist du auch nicht traurig, als du nach ein paar Stunden abgeholt und zurück zur Schule gebracht wirst. Du hast viel erlebt und bist jetzt erholt und ganz entspannt.

Strecke nun beide Arme nach vorne aus, und mache kleine Kreise damit, spanne die Muskeln in deinen Beinen an. Komme langsam wieder ins Hier und Jetzt zurück. Lasse deinen Kopf kreisen und öffne dann wieder deine Augen.

Mögliche Fragen an die Schüler:

≈ Konntest du dich entspannen?
≈ Was stand in der Nachricht?
≈ Was hast du erlebt?

Spiel: Kuhstall

☀ Ziel

Das Spiel soll entweder zwischendurch oder im Rahmen einer Spiel- oder Vertretungsstunde Bewegung in den Schulalltag bringen. Eventuelle Berührungsängste der Kinder sollen abgebaut werden.

✂ Material/Vorbereitung

Im Klassenzimmer muss ausreichend Platz vorhanden sein, ggf. müssen Sie vorher Raum schaffen.

✲ So geht's

Die Schüler bilden Gruppen mit je drei Teilnehmern, ein Kind ist zunächst allein.

Jeweils zwei Mitspieler fassen sich an den Händen und bilden so einen Stall, in dem ein weiterer Schüler als Kuh steht. Es gibt die drei Kommandos „Kuh", „Stall" oder „Kuhstall".

Wird vom einzelnen Schüler „Kuh" gerufen, müssen die Kühe ihren Stall tauschen, die Kinder in der Mitte also untereinander wechseln. Bei „Stall" bleiben die Kühe stehen, die Ställe formieren sich neu, und beim Kommando „Kuhstall" bilden alle Kinder neue 3er-Gruppen. Der freie Schüler versucht ebenfalls, einen Platz zu finden, sodass am Ende wieder einer übrig bleibt, der das nächste Kommando geben muss usw.

☺ Tipps

Falls die Schülerzahl nicht aufgeht, spielen Sie selber mit.

Bei schönem Wetter kann das Spiel auch draußen gespielt werden.

72 Luftakrobatik

 **Ziel**

Aktivierung beider Gehirnhälften bei den Schülern, Entspannung.

 **Material/Vorbereitung**

Suchen Sie z.B. Überkreuzübungen aus der Kinesiologie aus.

So geht's

Stellen Sie die ausgewählten Übungen vor, und führen Sie sie sukzessive ein. Beispiel: Die Kinder stehen auf und beschreiben mit dem ausgestreckten Arm z.B. eine liegende Luft-Acht oder malen sie groß auf Papier. Nun machen sie die gleiche Übung mit dem anderen Arm und schließlich mit beiden gleichzeitig.

Tipp

Es bietet sich an, vor jeder Diktat-, Aufsatz- oder Lesestunde Überkreuzübungen mit der Klasse durchzuführen.

 **73** **Jonglieren**

Ziel

Bei den Schülern wird für Entspannung gesorgt mit gleichzeitigem Geschicklichkeitstraining und viel Spaß.

✂ Material/Vorbereitung

Besorgen Sie Jonglierbälle, mindestens zwei Bälle pro Schüler.

 So geht's

Die Kinder beginnen das Jonglieren zunächst mit einem, später mit zwei Bällen.

Vielleicht haben Sie einen Experten in der Klasse, der Hilfen geben kann; wenn nicht, geben Sie selbst die Anweisungen, wie die Schüler beginnen können. Sehr schnell werden Sie Experten in Ihrer Klasse haben, die den anderen Kindern zeigen können, wie es geht.

Eine Übungsphase sollte für Anfänger nie länger als fünf Minuten dauern, ansonsten erzielt man eher Verspannungen als Entspannung!

☺ Tipps

Jonglieren im Klassenzimmer sollte ausschließlich mit Jonglierbällen erfolgen: Tennis- oder gar Vollgummibälle führen zu Chaos.

Anweisungen zu den ersten Schritten des Jonglierens erhalten Sie in der Literatur oder auch im Internet (z.B. unter www.jonglieren.at).

 **An- und Entspannungsübungen**

Ziel

Durch gezieltes An- und Entspannen der Körpermuskeln über kurze Zeit sollen die Schüler Körper und Geist entspannen sowie Stress abbauen.

✂ Material/Vorbereitung

keine

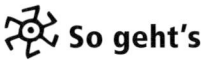 So geht's

Neben den altbekannten Liegestützen oder einem Auf-der-Stelle-Laufen kann man auch mit kleinen, aber gezielten Muskelanspannungen enorme Entspannungseffekte erzielen:

≋ Die Schüler sollen sich strecken und recken, die Arme, den Oberkörper, die Beine dabei strecken und dehnen – und auch dabei gähnen! Entspannung stellt sich sofort danach ein.

≋ Die Schüler hüpfen auf der Stelle und schütteln dabei ihren Körper durch, lockern alle Gelenke und Muskeln.

≋ Die Schüler sitzen auf ihrem Stuhl, die Handflächen auf den Oberschenkeln, die Fußsohlen fest auf dem Boden. Nacheinander werden bestimmte Muskeln für ca. zehn Sekunden angespannt und anschließend wieder gelockert: zunächst können sie eine Faust machen – und wieder entspannen, dann können sie die Schultern nach oben ziehen – und wieder fallen lassen, sie runzeln die Stirn – und entspannen wieder, dann folgen Beine und Füße usw.

☺ Tipp

Geben Sie den Schülern die Möglichkeit, ihr Bedürfnis nach Entspannung zu äußern. Eine entsprechende Übung ist schnell in den Unterricht eingebaut und wirkt oft Wunder, wenn die Konzentration nachlässt.

 **Rateminute**

⚜ Ziel

Nach einer Pause, die auch immer aufregend und laut sein kann, können die Schüler mit Hilfe der Ratezeit zu Stille und Konzentration gebracht werden. Es ergibt sich ein entspannter Einstieg in die Arbeitsphase des Unterrichts.

✂ Material/Vorbereitung

Legen Sie eine Uhr mit Sekundenzeiger oder Stoppuhr bereit, und verdecken Sie die Wanduhr im Zimmer. Die Schüler legen ihre Armbanduhren ab.

❋ So geht's

Die Schüler kommen aus der Pause zurück in ihr Klassenzimmer.
Sie setzen sich an ihre Plätze, schließen am besten die Augen und legen den Kopf in die Arme auf den Tisch. Sie sind konzentriert und warten auf den Einsatz des Lehrers. Die ersten zehn Sekunden werden laut vorgezählt. Im Anschluss daran zählt jeder Schüler gedanklich weiter, bis er glaubt, dass die Minute vorbei ist, und steht dann auf.
Die Kinder, die genau die Minute erreichen, haben eine kleine Belohnung verdient (z.B. Stickerbildchen o.Ä.).

☺ Tipps

Verlängern Sie die Ratezeit auf zwei oder sogar drei Minuten.

Lassen Sie auch Schüler die Zeit stoppen.

 **76** **Massage-Igel**

 Ziel

Die Massage soll zur Entspannung und Lockerung der Schüler beitragen.

Material/Vorbereitung

Legen Sie Massage-Igel (Igelbälle) bereit.

 So geht's

Nach oder während langer Schreibphasen oder einer Klassenarbeit können die Schüler die bereitgestellten Massage-Igel einsetzen: Durch das Drücken und Kneten in den Händen steigert sich die Durchblutung. So können Krämpfe verhindert werden. Außerdem macht eine Massagepause gute Laune und entspannt.

☺ Tipps

Lagern Sie die Bälle im Klassenzimmer, und teilen Sie sie bei Bedarf aus.

Der Massage-Igel ist auch im Sportunterricht einsetzbar.

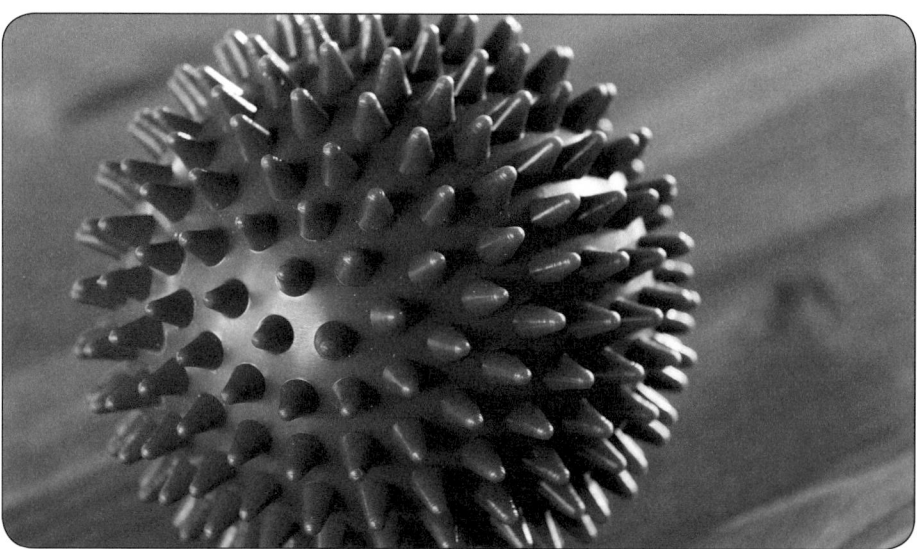

 **Ski-Abfahrt, Äpfelpflücken**

⚛ Ziel

Die Übungen sorgen für Entspannung und Bewegung im Klassenzimmer während des Unterrichts.

✂ Material/Vorbereitung

Schaffen Sie Bewegungsfreiheit an den Sitzplätzen der Schüler. Üben Sie die Bewegungen vorher zusammen ein.

⚙ So geht's

Bei der Ski-Abfahrt stellt sich jeder Schüler hinter seinen Stuhl, die Lehne zeigt Richtung Körper. Er stützt sich gebeugt auf die Stuhllehne und beginnt, im Rhythmus der Lehreransage mit den Beinen Slalombewegungen auszuführen, wobei der Bewegungsradius der Beine und die Geschwindigkeit der Bewegung variieren können.

Beim Äpfelpflücken stehen die Schüler frei im Raum. Sie beginnen, sich mit den Armen nach oben und auf Zehenspitzen zu strecken, bis sie einen Punkt erreicht haben, an dem es nicht höher geht. Dann fallen sie in einen Rundrücken und atmen dabei laut und tief aus.

☺ Tipp

Musik unterstützt die Übungen und verhilft zu noch mehr Spaß.

78 Boomwhackers

 Ziel

Boomwhackers schaffen gute Laune im Klassenzimmer, sie sind ein Auflockerungselement für eine kleine Pause während einer Unterrichtsstunde (auch außerhalb des Musikunterrichts).

 Material/Vorbereitung

Besorgen Sie Boomwhackers (= Instrument, das Schulen mittlerweile häufig für den Musikunterricht angeschafft haben, nicht allzu teuer und vielseitig einsetzbar) für jeden Schüler.

So geht's

Jeder Schüler bekommt eine der Röhren. Sie schlagen diese wahlweise gegeneinander oder in die hohle Hand. In Sitz-, Stehkreis oder am Platz können die Schüler vom Lehrer oder einem Kind vorgegebene Rhythmen

nachspielen, einen Ton so schnell wie möglich weitergeben oder auch ein im Musikunterricht eingeübtes Stück proben. Selbst Lieder, die durch die Boomwhackers begleitet werden, können ohne größeren Zeit- und Material-aufwand in eine Unterrichtsstunde eingeschoben werden, sofern die Schüler bereits mit dem Instrument vertraut sind.

☉ Tipp

Bücher mit vielen Anregungen zum Einsatz der Boomwhackers, Spielvor-schlägen, Begleitarrangements, Mitspielsätzen und Spielstücken sind online oder über Musikläden erhältlich.

Vogel landet auf dem Klavier.

, die Vase kippt gleich um!

Eva.

sich Tom und Eva?

öffnet mit seinem Öffn

9

Sich Organisieren und Lernen lernen

Nutzen Sie die ersten Wochen des 5. Schuljahres, um mit den Schülern die wichtigsten Methoden einzuüben, die sie in der Sekundarstufe beherrschen sollten. Günstig ist eine Absprache innerhalb der Schule oder zumindest unter den Kollegen innerhalb des Stufen- oder Klassenteams, um in möglichst vielen Bereichen einheitliche Erwartungen zu formulieren und sich beim Training der vereinbarten Methoden abzusprechen. So können Sie viel Unterrichtszeit sparen und den Schülern zu schnellerem Erfolg verhelfen. Sie werden den Synergieeffekt spüren!

Regelmäßiges Üben und Wiederholen sind wichtige Voraussetzungen für nachhaltiges Lernen. Hausaufgaben nehmen dabei eine wichtige Funktion ein und sollten von den Schülern regelmäßig, pünktlich und möglichst gleichmäßig über die Woche verteilt erledigt werden. Dazu müssen sich die Schüler organisieren können. Wichtig ist daher, gleich zu Beginn der 5. Klasse die Erwartungen transparent zu machen und das gewünschte Schülerverhalten mit Hilfe von Belohnungen, aber auch unangenehmen Konsequenzen bei Fehlverhalten zu verstärken.

 **TÜV für das Heft**

☀ Ziel

Die Schüler sollen eine saubere Heftführung erlernen.

✂ Material/Vorbereitung

Jeder Schüler erhält ein DIN-A5-Blatt mit den einzelnen Kriterien.

⚙ So geht's

In allen Fächern werden die Hefte nach einem einheitlichen Raster beurteilt.

Mögliche Punkte:
Habe ich ...

1. ... mit Tinte geschrieben und Fehler mit Tintenkiller behoben
   oder mit dem Lineal/Geodreieck sauber durchgestrichen?
2. ... immer das Datum notiert?
3. ... zum Unterstreichen ein Lineal/Geodreieck benutzt?
4. ... große Überschriften mit ROT und kleine Überschriften
   mit GRÜN unterstrichen?
5. ... alle Blätter sauber eingeordnet?
6. ... immer nur mit einem gespitzten Bleistift gezeichnet?
7. ... stets Seitenzahl und Nummer der Aufgabe notiert
   und diese mit Bleistift unterstrichen?
8. ... überprüft, ob mein Heft vollständig ist?
   Versäumtes muss nachgetragen werden!

↻ Tipps

Beginnen Sie am Anfang mit wenigen Kriterien. So stellt sich oft schon
nach kürzester Zeit ein Erfolgserlebnis ein.

Besonders die Fächer Deutsch und Englisch sollten sich weiterhin auf die
Schönschrift konzentrieren, damit diese geübt und immer wieder reflektiert
wird.

80 Hausaufgaben sind sinnvoll

 Ziel

Die Schüler verstehen, dass Hausaufgaben nicht erfunden wurden, um
ihnen den Nachmittag zu verderben. Vielmehr erkennen sie die Bedeutung
der Wiederholung für nachhaltiges Lernen und damit auch den Sinn von
Hausaufgaben.

✂ Material/Vorbereitung

Die beiden Grafiken unten auf Folie für den Tageslichtprojektor oder auf
Kopien für die Schüler vorbereiten.

✺ So geht's

Schüler im 5. Schuljahr sind bereits in der Lage, Ergebnisse aus der Lern-
psychologie und Hirnforschung zu verstehen, und sollten deshalb sachlich
von der Bedeutung und dem Sinn der Hausaufgaben überzeugt werden.

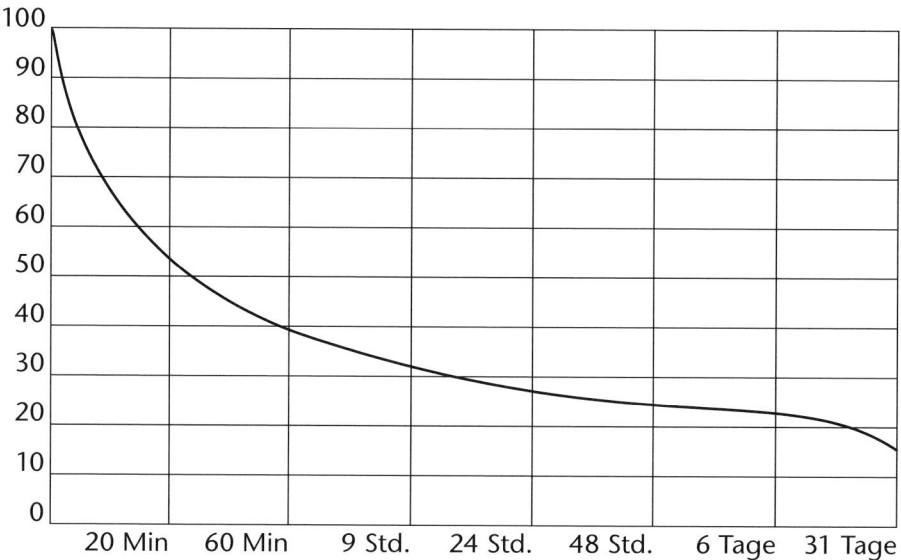

Diese Grafik zeigt, wie schnell Gelerntes wieder vergessen wird: Schon nach
zwei Tagen kann man sich nur noch an ca. 25 % des Gelernten erinnern.

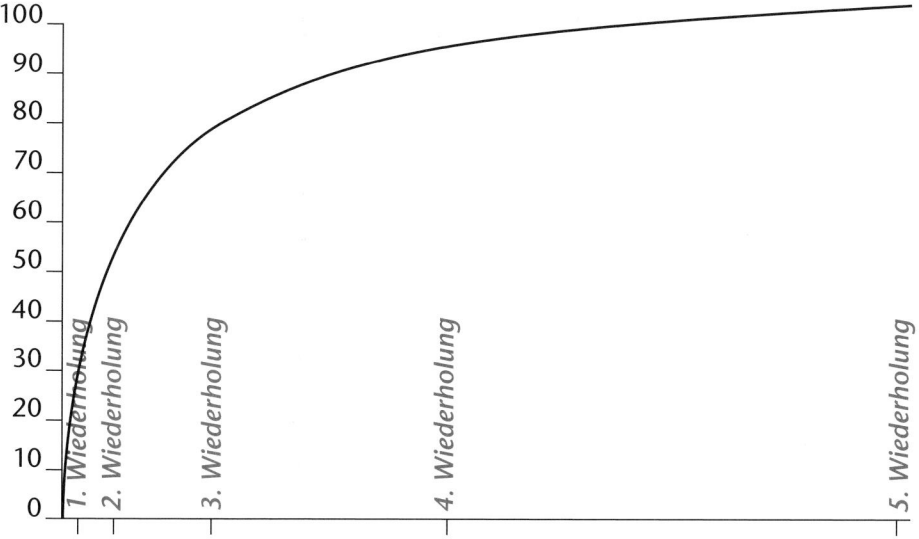

Diese Grafik zeigt den Lernerfolg durch Wiederholungen: Die Behaltens-
leistung verbessert sich eindrücklich mit jeder aktiven Wiederholung.
Zeigen Sie beispielsweise die beiden Grafiken und verdeutlichen den
Schülern die wissenschaftlich nachgewiesene Bedeutung der Wiederholung.

⟳ Tipp

Wenn Sie mit den Schülern über Lernvoraussetzungen sprechen, können
Sie auch auf die Bedeutung des Schlafs eingehen. Das am Tag Gelernte wird
während des Schlafs verarbeitet, sortiert und abgespeichert. Wissenschaftlich
konnte nachgewiesen werden, dass dieser Vorgang deutlich gestört wird,
wenn vor dem Schlafengehen die Gedanken überlagert werden durch Fern-
sehbilder, Videos und Computerspiele, die die Emotionen stark ansprechen.

 **Hausaufgaben visualisieren und notieren**

 Ziel

Die Hausaufgaben werden so gestellt, dass auch die weniger motivierten oder schwach strukturierten Schüler sich daheim erinnern, was zu tun ist.

✂ Material/Vorbereitung

Legen Sie einen Bereich für das Aufschreiben fest, z.B. eine Seitenwandtafel oder einen speziellen Raum an der großen Tafel. Die Schüler benötigen ein Hausaufgabenheft, je nach Fach Bücher und Hefte etc.

 So geht's

Die Schüler sollten sich ein spezielles Hausaufgabenheft anschaffen, in das Sie jeweils mit Datum notieren, welche Aufgaben zu erledigen sind. Günstig ist es, wenn Sie die Aufgaben an einer Seitenwandtafel übersichtlich nach Fach notieren und so lange stehen lassen, bis sie kontrolliert sind. Das Anschreiben können Sie nach einer bestimmten Zeit auch einem zuverlässigen Schüler übertragen (Hausaufgabendienst).

☺ Tipp

Bei Hausaufgaben, die im Fachraum erteilt werden, kann der o.g. Hausaufgabendienst beauftragt werden, diese auch im Klassenzimmer an der Wandtafel zu notieren, damit die Schüler sie noch zu einem späteren Zeitpunkt abschreiben können.

 **Wochen-Hausaufgaben**

 Ziel

Die Schüler sollen die Gelegenheit erhalten, sich ihre Zeit selbst einteilen zu können. Private Aktivitäten, wie z.B. Training im Verein, Geburtstag der Großmutter etc., können von den Schülern so mit den zu erledigenden Hausaufgaben zeitlich koordiniert werden. Schülern und Eltern kommt es deshalb entgegen, wenn die Kinder selbst entscheiden können, an welchen Tagen sie mehr und an welchen sie weniger für die Schule arbeiten. Dabei lernen Sie, ihre Zeit und die Arbeitsaufträge sinnvoll einzuteilen.
Zudem spart der Lehrer wertvolle Unterrichtszeit, denn Kontrolle und Besprechung der Hausaufgaben müssen ebenso nur einmal pro Woche erfolgen.

So geht's

Die Schüler erhalten die Hausaufgaben in den einzelnen Fächern an einem bestimmten Tag für eine ganze Woche und können so ihre Zeit frei einteilen. Zu Beginn der 5. Klasse ist es hilfreich, die Wochenaufgaben in mehrere kleinere, überschaubare Päckchen aufzuteilen. Dies hilft den Schülern, die Aufgaben an mehreren Tagen zu erledigen, anstatt alles auf einmal tun zu müssen, was nicht selten überfordert und zu Frustration führen kann.

Tipp

Fragen Sie während der Woche nach, wer wie viel schon erledigt hat oder ob es Probleme bei der Erledigung der Aufgaben gibt. Das kann auch vergessliche Schüler erinnern, dass sie noch etwas zu tun haben.

83 Hausaufgabenkontrolle

☀ Ziel

Alle Schüler sollen ihre Hausaufgaben pünktlich und vollständig erledigen. Dafür ist Kontrolle notwendig: Ansonsten werden ganz schnell einige Schüler den zunächst bequem erscheinenden Weg wählen und die Hausaufgaben nicht machen. Außerdem sollen die Schüler eine Rückmeldung über die Qualität ihrer vollbrachten Hausarbeit erhalten. Die Kontrolle und Besprechung sollte außerdem zeitökonomisch erfolgen.

⚙ So geht's

Kontrollieren Sie grundsätzlich, ob die Schüler die Hausaufgaben erledigt haben. Dies kann durch kurzes Sichten und Abzeichnen geschehen, während die Schüler beschäftigt sind. In einer Schülerliste muss mit Datum notiert werden, bei wem Aufgaben fehlen.

Während Sie durch die Reihen gehen und sich den einzelnen Schülerheften zuwenden, sollten Sie Disziplinproblemen vorbeugen und die Schüler sinnvoll beschäftigen, z.B. mit Aufträgen zur Bearbeitung von Aufgaben aus dem Buch oder vom Tageslichtprojektor als Wiederholung oder Hinführung zur Stunde. Möglich ist auch, dass die Schüler diese Zeit zur eigenen Ergebniskontrolle nutzen anhand der Lösungen, die Sie beispielsweise mit dem Tageslichtprojektor präsentieren.

Zeitaufwändiger, aber durchaus sinnvoll kann die Besprechung der Ergebnisse in Kleingruppen sein: Die Schüler präsentieren abwechselnd reihum eine Lösung, die Teamkollegen bestätigen oder diskutieren die Ergebnisse. Wenn die Gruppe keine Einigung erzielt, wird die Frage anschließend im Plenum besprochen.

↺ Tipp

Schüler ohne Hausaufgaben beginnen mit diesen während der Besprechungsphase der Ergebnisse. So ist diese Zeit auch für sie nicht vertan, und sie finden schon einmal in die Aufgabenstellung hinein, was ihnen eventuell die weitere Bearbeitung daheim erleichtert.

 **Hausaufgabenmachen lohnt sich**

 Ziel

Schüler, die ihre Hausaufgaben regelmäßig pünktlich und vollständig erledigen, sollen positiv verstärkt werden; damit erhalten sie zudem eine Vorbildfunktion.

✂ Material/Vorbereitung

Bereiten Sie Hausaufgaben-Gutscheine vor, auf denen der Name des Schülers, seine Klasse und das Fach eingetragen werden können.

🌀 So geht's

Als positive Verstärker können Sie Hausaufgaben-Gutscheine ausstellen: Wer beispielsweise drei Wochen lang immer alle Hausaufgaben ordnungsgemäß vorlegen konnte, erhält einen Gutschein. An einem Tag seiner Wahl kann er diesen einlösen und sich einen hausaufgabenfreien Nachmittag gönnen. Bei Wochen-Hausaufgaben können Schüler, die z.B. alle Hausaufgaben in einem Fach von einem Ferienabschnitt bis zum nächsten immer pünktlich und vollständig erledigt haben, sich mit dem hierfür erhaltenen Gutschein eine Woche hausaufgabenfrei in diesem Fach nehmen. Oder sie erhalten, wenn es nicht möglich ist, eine komplette Woche auf Hausaufgaben zu verzichten, stattdessen eine andere Vergünstigung.

⟳ Tipp

Es gibt Schulen, die Schülern einen ganzen Tag unterrichtsfrei geben, wenn sie während des ganzen Schuljahres immer alle Hausaufgaben pflichtgemäß erledigten. Vielleicht können Sie das auch bei Ihnen einführen.

85 Folgen nicht erledigter Hausaufgaben

⚡ Ziel

Schüler, die ihre Hausaufgaben nicht regelmäßig erledigen, sollen möglichst schnell spüren, dass dies unangenehme Folgen für sie hat.

⚙ So geht's

Teilen Sie Schülern und Eltern von Anfang an mit, wann Sie die Eltern benachrichtigen, wenn die Hausaufgaben nicht ordentlich erledigt werden (einmal pro Halbjahr sollten Schüler in jedem Fall ihre Hausaufgaben ohne Folgen vergessen dürfen).

Reagieren Sie aber schnell, wenn Schüler Hausaufgaben wiederholt nicht oder nicht vollständig erledigen: Die Eltern sollten bald, z.B. beim dritten Mal, informiert werden. Bei dieser Benachrichtigung sollte um Unterstützung für die Kinder gebeten werden, die Eltern sollten die Information nicht als Beschwerde oder gar Angriff missverstehen.

Eine kurze schriftliche Notiz an die Eltern ins Hausaufgabenheft der Schüler kann genügen. Diese sollten die Eltern unterschreiben, damit Sie sehen, dass diese sie zur Kenntnis genommen haben.

In einem Telefongespräch können Sie mögliche Probleme bei der Hausaufgabenbewältigung thematisieren und gemeinsam mit den Eltern über Lösungen nachdenken.

Auch per E-Mail kann die Kommunikation mit den Eltern hergestellt werden (s. S. 164).

↻ Tipp

Sie können spezielle Termine zum Nacharbeiten fehlender Aufgaben vereinbaren.

 Schuljahresplaner

☀ Ziel

Die Schüler organisieren ihre Termine übersichtlich in einem Jahresplaner.

✂ Material/Vorbereitung

Besorgen Sie Jahresplaner aus dem Schreibwarenhandel; es gibt auch Verlage, die Schuljahresplaner für jede Schule individuell drucken, z.B. mit Schullogo, Schulfoto, eigenen Seiten (z.B. Schulordnung, Schulprofil etc.) und Terminen.

⚙ So geht's

Geben Sie den Schülern Zeit, sich mit ihrem Jahresplaner vertraut zu machen. Sie können die Geburtstage der Freunde und Familienmitglieder eintragen, die Ferien, Klassenarbeiten, Hausaufgaben und persönlichen Termine. In dem Moment, in dem der Schüler einen persönlichen Nutzen in dem Planer erkennt, ist die Wahrscheinlichkeit, dass er sich damit organisieren wird, sehr hoch.

↻ Tipp

Im Internet finden Sie mit dem Suchwort „individueller Schuljahresplaner" eine Fülle von Anbietern.

 # Forscheraufträge/Langzeitaufträge

 Ziel

Die Schüler sollen lernen, sich selbstständig ein Thema zu erarbeiten.

Material/Vorbereitung

Die Schüler bilden Partner- oder Kleingruppen.
Stellen Sie Themen bereit, und legen Sie einen Zeitrahmen und Abgabetermin fest. Besprechen Sie mit den Schülern, welche Informationsquellen sie nutzen können.

 So geht's

Die Schüler erhalten den Auftrag, sich über einen bestimmten Themenbereich zu informieren. Für die Ausarbeitung der Aufgabe erhalten sie einen Zeitrahmen, indem sie sich selbstständig um ihr Thema kümmern. Dies kann im Unterricht stattfinden, sollte aber hauptsächlich zu Hause erfolgen.

Tipps

Es sollte nicht ausschließlich das Internet als Infoquelle genutzt werden.

Fragen Sie in regelmäßigen Abständen die Fortschritte der Arbeit ab.
Es kann entweder genau vorgegeben oder offen gelassen werden, ob von den Schülern eine Mappe, ein Plakat oder ein Vortrag erarbeitet wird, bei dem die Präsentierenden auch Fragen der anderen beantworten können.

Um die Ergebnisse der Schüler zu würdigen und für alle nutzbar zu machen, sollten die Gruppenarbeiten dem Rest der Klasse vor- oder im Klassenzimmer ausgestellt werden. Auch eine Benotung durch den Lehrer kann erfolgen.

 **Portfolio**

 **Ziel**

Individuelle Schülerarbeiten erhalten eine besondere Würdigung, indem sie in einem eigens dafür angelegten Ordner gesammelt werden.

 Material/Vorbereitung

Die Schüler legen jeweils einen eigenen Ordner an.
Bestimmen Sie Themen für das Portfolio.

So geht's

Mit Hilfe der Portfolios können die Kinder ihre individuellen Arbeiten zu verschiedenen Themen über das ganze Schuljahr hindurch sammeln.
Die Portfolio-Arbeit kann in allen Fächern und Fächerverbünden eingesetzt werden.
Z.B. können im Englischunterricht Bilder zu verschiedenen Themen (My family, animals…) gesammelt und beschriftet werden. Auch eigene oder schön gestaltete Texte, wie Gedichte, außerdem selbstgezeichnete Bilder, Liedtexte, Comics, Mind-Maps etc. können die Schüler in ihren Mappen abheften. Es sollen Schülerarbeiten sein, auf die sie besonders stolz sind oder die die Schüler selbst besonders interessieren.

Tipps

Geben Sie Portfolio-Arbeit als Hausaufgaben auf.

Die Aufgaben können Sie als Langzeitaufgabe geben.

Das Portfolio kann benotet werden.

Ein Portfolio für Schüler kann langfristig über die gesamte Schulzeit angelegt werden.

 # Karteikasten zum Vokabeltraining

 ## Ziel

Den Kindern wird eine Möglichkeit an die Hand gegeben, mit Hilfe von Karteikarten systematisch und selbstständig Vokabeln zu lernen und einzuüben.

✂ Material/Vorbereitung

Die Schüler benötigen Karteikarten und einen länglichen Kasten, passend für die Karteikärtchen, mit mindestens vier Unterteilungen.

 ## So geht's

Die Schüler schreiben die Vokabeln auf die Karten (jeweils eine Vokabel pro Kärtchen). Auf der einen Seite steht die Vokabel auf der anderen seine deutsche Bedeutung. Die Schüler sortieren alle Kärtchen in das erste Fach ein. Sie nehmen die Karten nacheinander aus der Box und fragen sich selber ab. Ist die Antwort richtig, wandert das Kärtchen in das nächste Fach. Ist sie falsch, verbleibt das Kärtchen im ersten Fach. Sind alle Kärtchen im nächsten Fach, wird der Lernvorgang wiederholt und anschließend noch ein drittes Mal zur Festigung eingeübt. Das Lernen wird über mehrere Tage verteilt.

ℰ Tipp

Das Lernsystem kann bei verschiedenen Verlagen bezogen werden.

 **Abhören mit Partner**

⚛ Ziel

Die Schüler hören sich gegenseitig mündlich oder schriftlich ab und üben so die Vokabeln eines bestimmten Lernabschnitts ein.

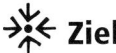 Material/Vorbereitung

Die Schüler bilden nach dem Kugellager-Prinzip (s. S. 30) Paare.
Geben Sie einen bestimmten zeitlichen Rahmen vor.

So geht's

Die Schüler stellen sich in einem Innen- und Außenkreis einander gegenüber auf. Sie fragen sich gegenseitig Vokabeln mit Hilfe des Vokabelhefts oder der Karteikarten ab. Auf ein Zeichen (z.B. akustisches Signal mit Klangschale) bewegen sich die Schüler des Innenkreises um zwei Personen weiter. Die neu gebildeten Paare hören sich wieder gegenseitig ab, bis erneut das Signal erklingt zum Weiterdrehen usw.
Eine Abhörphase kann zwischen 20 und 50 Sekunden betragen.

Tipp

Solch ein Vokabeltraining eignet sich auch als Ritual zu Beginn der Fremdsprachenstunde.

 **Das schwierige Wort der Woche**

Ziel

Die Schüler festigen ein schwieriges Wort hinsichtlich seiner Schreibweise und Bedeutung.

✂ Material/Vorbereitung

Stellen Sie Wortkarten, einen dicken Filzstift, Wörterbücher und ein Lexikon bereit.

⚙ So geht's

Die Kinder bestimmen selbst ein schwieriges Wort, das ihnen im Unterricht oder auch außerhalb begegnet ist, zum Wort der Woche. Das Wort wird in der richtigen Schreibweise auf eine Wortkarte geschrieben und an der Wand aufgehängt. Die Bedeutung des Wortes wird erklärt und ebenfalls visualisiert. Das Wort wird innerhalb der Woche thematisiert und von den Kindern erklärt.

↻ Tipp

Die Schüler können die Bedeutung des Wortes im Wörterbuch oder Lexikon selber nachschlagen und dann in eigenen Worten erklären.

92 Lerntheke/Lernzirkel

 Ziel

Förderung des eigenständigen Arbeitens in Einzel-, Partner- oder Gruppen-arbeit.

✂ Material/Vorbereitung

Bereiten Sie Stationen vor, am besten mit der Möglichkeit zur Selbstkontrolle, wie z.B. Lösungsfolien, die direkt auf das Arbeitsblatt gelegt werden können, Lösungswörter oder -bilder usw. Achten Sie dabei darauf, Aufgaben mit verschiedenen Zugängen zu schaffen. Stellen Sie darüber hinaus einen Laufzettel her.

Vermitteln Sie den Schülern vor Beginn der Arbeit den Umgang mit der Lerntheke, und erarbeiten Sie Verhaltensregeln.

So geht's

Im Klassenzimmer werden verschiedene Stationen zu einem Thema aufgebaut, die die Schüler selbstständig bearbeiten und lösen.

Entweder befinden sich dabei die Aufgaben auf einem oder mehreren nebeneinanderstehenden Tischen, der so genannten Lerntheke, oder sie sind räumlich verteilt und bilden den Lernzirkel.

Die Abfolge der Stationen kann von den Schülern frei gewählt werden. Mit Hilfe des Laufzettels bekommen sie einen Überblick, welche Stationen bereits bearbeitet sind und welche noch ausstehen. Jeder Schüler hat die Möglichkeit, in seinem Tempo zu arbeiten und die Aufgaben auf seine Fähigkeiten abzustimmen.

☺ Tipps

Bieten Sie Aufgaben mit unterschiedlichen Schwierigkeitsstufen an, und kennzeichnen Sie sie entsprechend.

Für die Nachbereitung der Einheit bietet sich ein Gespräch im Sitzkreis an.

Gestalten Sie die einzelnen Stationen abwechslungsreich, da die meisten Schüler auch gerne auditiv und haptisch arbeiten.

Es kann manchmal sinnvoll sein, einen Lernzirkel der Reihe nach zu bear-beiten, wenn Aufgaben aufeinander aufbauen. Je nach Materialressourcen sollten Sie dann aber darauf achten, dass nicht alle Schüler an der gleichen Stelle beginnen, z.B. können Sie auf den Laufzetteln vorgeben, von welcher Station nacheinander jeweils ein Material (Wahlmöglichkeit!) bearbeitet werden soll.

Es bietet sich an, ein Helfersystem einzurichten (s. S. 95).

Das Themenbuffet (s. S. 102) ist ähnlich, wobei man dieses mehr als Einführung ins Thema, eine Lerntheke mehr zur Übung oder Vertiefung eines Themas einsetzen sollte.

93 Wortkartengestaltung

☀ Ziel

Die Schüler lernen, wie sie Wortkarten und Plakate hinsichtlich Schriftart und -größe so beschriften können, dass sie auch aus der Entfernung zu lesen sind.

✂ Material/Vorbereitung

Bereiten Sie Papier mit vorgezogenen Linien (2. Klasse) sowie Papierstreifen vor, legen Sie dicke Filzstifte und Lineale bereit.

✵ So geht's

Üben Sie mit den Kindern das Schreiben von Druckbuchstaben ein: Lassen Sie sie Wörter in Druckbuchstaben in die vorgegebenen Zeilen schreiben. So bekommen die Schüler ein Gefühl für die nötige Schriftgröße.

Haben die Kinder dies geübt, geben Sie ihnen die Papierstreifen mit dem Arbeitsauftrag, diese so zu beschriften, dass die Wörter auch noch aus der Entfernung gelesen werden können.

Überprüfen Sie am Schluss in der Klasse, ob die Schüler die Aufgabe erfüllt haben.

☉ Tipp

Diese Übung kann mit konkreten Inhalten verknüpft werden, z.B. zur Erstellung einer Mind-Map zu einem bestimmten Thema.

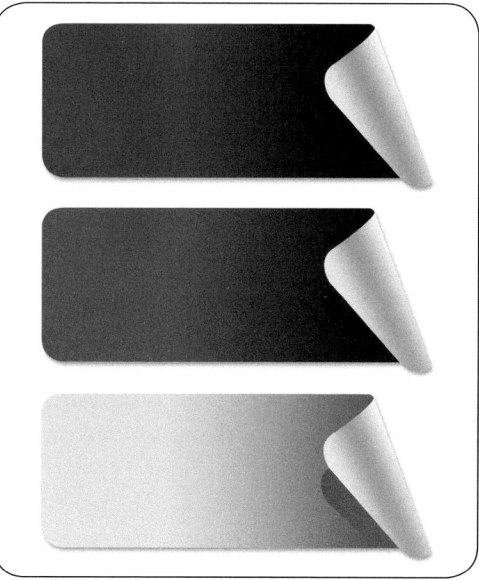

 **Plakatgestaltung**

⚛ Ziel

Die Kinder lernen, ein Plakat zu gestalten und zu beschriften.

✂ Material/Vorbereitung

Stellen Sie Plakatpapier, dicke Filzstifte in verschiedenen Farben, Lineal, eventuell Bilder und ein fertiges Beispielplakat bereit.

⚙ So geht's

Sammeln Sie zunächst gemeinsam mit der Klasse Informationen zu einem Thema (z.B. aus dem Geschichtsunterricht), die auf einem Plakat festgehalten werden sollen. Die Beiträge der Schüler werden an der Tafel notiert. Es ist auch wichtig, herauszustellen, dass Abbildungen die Informationen veranschaulichen.
Lassen Sie dann einzelne Schüler die Informationen in Stichworten auf das Plakat schreiben. Mit Hilfslinien kann dabei ein gleichmäßiges Schriftbild unterstützt werden, auch die Schriftgröße kann mit Hilfe der Linien besser

eingehalten werden. Verschiedene Gestaltungselemente, wie Pfeile, Kreise, Wolken, Aufzählungszeichen usw., lockern die Gestaltung auf und setzen die Begriffe in Beziehung. Ein wichtiges Element der Plakatgestaltung kann zudem die Verwendung von Diagrammen sein.

Besprechen Sie die mögliche Einteilung der Überschrift, Informationsblöcke, Diagramme und Abbildungen, und veranschaulichen Sie sie ggf. mit Hilfe des mitgebrachten Beispiels.

Die Schüler erstellen danach in kleinen Gruppen eigenständig Plakate zum gemeinsam erarbeiteten Thema. Anschließend stellen sie ihre Ergebnisse der Klasse vor und erläutern die Art der Darstellung. Mit Hilfe eines Feedbacks erhalten sie eine konstruktive Rückmeldung zu ihrer Arbeit von den Mitschülern.

☺ Tipp

Achten sie darauf, dass die Schüler bei den ersten Versuchen nicht zu viele Informationen auf das Plakat bringen und die Übersichtlichkeit dadurch nicht gefährdet wird.

 **Schrittweise präsentieren**

☀ Ziel

Die Kinder bekommen in kleinen Schritten persönliche Sicherheit im freien Vortragen vor ihren Klassenkameraden oder anderen Zuhörern. Die Kinder sollen dabei vom Lesen zum freien Sprechen kommen.

✂ Material/Vorbereitung

Wählen Sie Kurzbeiträge zum Einüben der betonten Sprache und der Körperhaltung aus.
Erarbeiten Sie mit den Schülern Gesprächsregeln für die Präsentation, besprechen Sie die Plakatgestaltung (s. S. 145), und üben Sie sie im Vorfeld ein.

⚙ So geht's

Die Schüler werden in kleinen Schritten an das Präsentieren herangeführt: Für die ersten Versuche, Arbeitsergebnisse vorzustellen, bietet sich an, sie stehend vom eigenen Platz aus sprechen zu lassen. Ein nächster Schritt ist, dass die Kinder in Kleingruppen vor der Klasse vortragen. Der Gruppenvortrag wird schließlich ersetzt durch den Partnervortrag und später durch die Einzelpräsentation.

↻ Tipps

Üben sie auch immer wieder den Vortrag von Gedichten und kleinen Rollenspielen.

Die Gesprächsregeln müssen bei dem Vortrag unbedingt eingehalten werden.

Lassen Sie im Anschluss an die Präsentation andere Schüler Feedback geben (s. S. 148).

96 Feedback geben

 **Ziel**

Eine Präsentation der Arbeitsergebnisse wird durch eine Rückmeldung gewürdigt. Die Schüler lernen durch Lob und konstruktive Kritik anderer, sich selbst besser einzuschätzen.

✂ Material/Vorbereitung

Besprechen Sie mit den Schülern im Vorfeld, wie ein Feedback ablaufen sollte.

🎇 So geht's

Grundsätzlich sollte ein Feedback 3-gliedrig sein:

1. Zunächst gibt der Schüler nach seiner Präsentation eine Selbsteinschätzung ab.
2. Anschließend sagen die Zuhörer, was bei der Präsentation gut gelungen ist.
3. In einem nächsten Schritt äußern die Kinder ihre positiv formulierten Verbesserungsvorschläge.

Zum Schluss kann der Lehrer ein Feedback geben.

☺ Tipps

Erarbeiten Sie im Vorhinein eine Checkliste für eine Präsentation, damit kann später auch eine gezieltere Rückmeldung erfolgen.

Unterstützen Sie das Feedback mit Hilfe von Piktogrammen (☺).

Üben Sie das Feedbackgeben zunächst mit vorgegebenen Satzanfängen.

10

Diagnose und
Förderung

Ob Gymnasium, Haupt-, Werkreal-, Real- oder Gesamtschule – Sie haben es mit einer heterogenen 5. Klasse zu tun, an der Gesamtschule noch verstärkter als an anderen. Jeder Schüler verfügt über andere Stärken und auch Probleme, was das Lernen an sich, den persönlichen Wissensstand und auch das Verhalten angeht.

Eine Bestandsaufnahme ist deshalb unerlässlich, möchte man individuell fördern, z.B. mit Hilfe von Förderplänen, die gezielte Fördermaßnahmen für ein Kind beschreiben. Je mehr Informationen Sie in Gesprächen, durch Tests und durch Beobachtungen über ein Kind sammeln können, desto genauer kann eine Diagnose gestellt und eine Förderung durchgeführt werden. Wichtig ist auch, dass der Erfolg einer Maßnahme überprüft und die weitere Förderung dementsprechend geplant wird.

Viel Zeit lässt sich bei der Erstellung individueller Förderpläne einschließlich passender Materialien sparen, da es mittlerweile gute Unterstützung von Schulbuchverlagen gibt. Nach standardisierten Diagnose-Tests werden diese – teilweise online – ausgewertet und jedem Schüler individuelles Fördermaterial zur Verfügung gestellt. Damit lässt sich dann im Rahmen von Freiarbeit üben. Die Schüler können in spezielle Arbeitsgruppen zusammengefasst werden und sich gegenseitig unterstützen. Am Ende gibt es wieder einen Test, der den Lernfortschritt dokumentiert.

 **Online-Diagnosen Deutsch und Mathe**

☀ Ziel

Lehrer, Schüler und Eltern erhalten eine individuelle Rückmeldung über den Lernstand des Kindes. Außerdem werden individuelle Fördermaterialien zur Verfügung gestellt zur Unterstützung im Unterricht oder auch für zu Hause.

✂ Material/Vorbereitung

Informieren Sie sich über Online-Diagnose-Verfahren eines Schulbuchverlags (teilweise bieten die Schulbuchverlage diese Angebote kostenlos zum Schulbuch an; in Baden-Württemberg wurde das Online-Diagnose-Verfahren in Haupt- und Werkrealschulen verpflichtend eingeführt, und es gibt eine Landeslizenz für ein Online-Angebot).
Belegen Sie den Computerraum, alle Computer müssen Online-Zugang haben.

⚙ So geht's

Sie legen online (z.B. unter www.onlinediagnose.de) eine Klassenliste an, jeder Schüler erhält ein vom Computer kreiertes Kennwort. Im Computerraum, wo die Tests durchgeführt werden, sollten für das Fach Deutsch Kopfhörer vorhanden sein, da auch Höraufgaben in den meisten Tests vorkommen.
Die Kinder bearbeiten zunächst die Einführung und dann die Tests des jeweiligen Faches in ihrem eigenen Tempo. Lehrer erhalten sowohl eine Klassenauswertung als auch individuelle Testergebnisse der Schüler, Sie können bei Bedarf sogar einzelne Antworten der Kinder ansehen. Für jeden Schüler können Sie teilweise auf das Lehrwerk abgestimmt individuell zusammengestellte Fördermappen direkt ausdrucken, die dann im Unterricht eingesetzt werden können.
Von Ihnen freizuschaltende Detailtests können das Testergebnis präzisieren, Nachtests am Anfang der 6. Klasse zeigen, inwieweit die Förderung erfolgreich war.

⟳ Tipps

Üben Sie eventuell mit der Klasse im Vorhinein grundlegende Fertigkeiten im Umgang mit dem Computer, da der Testerfolg teilweise davon abhängt, ob man z.B. groß und klein schreiben kann.

Die Fördermaterialien können in einer festen Stunde in der Woche oder in Freiarbeit, eventuell sogar als Hausaufgabe eingesetzt werden.

 **Standardisierter Rechtschreibtest HSP (Hamburger Schreibprobe)**

☼ Ziel

Was viele nicht wissen: Man kann nicht nur an der Grundschule, sondern auch an den weiterführenden Schulen den HSP-Test durchführen. Mit diesem Test erhalten Sie Aufschluss über die Häufigkeit bzw. Art der Schreibfehler von Schülern. Sie erfahren, auf welcher Stufe ihrer Schreibentwicklung sich jeder einzelne Schüler befindet und welche Strategien er schon beherrscht. Diese Ergebnisse stellen eine Grundlage für eine gezielte Förderung dar.

✂ Material/Vorbereitung

Sie benötigen das Testmaterial plus Zubehör.

⚙ So geht's

Die HSP-Tests des vpm-Verlags z.B. im Internet (www.vpmonline.de) bestellen. Es gibt sie in der Regel im 5er-Pack, und Sie haben die Möglichkeit, zwischen Selbstauswertung und Onlineauswertung zu wählen.
Außerdem gibt es Bücher mit Tipps zur Durchführung und Auswertung sowie ein Handbuch für alle Klassen (1–9). Normalerweise wird der HSP-Test 4/5 ganz am Anfang des Schuljahres sowie ein Überprüfungstest am Ende durchgeführt.

☺ Tipp

Die Ergebnisse sind sehr umfassend und differenziert. Da die Diagnostik aber nur mit entsprechenden Fördermaßnahmen sinnvoll erscheint, stellt sich neben Kostengründen die Frage, ob man sich bei dieser Diagnostik lieber auf einzelne Schüler beschränkt, eventuell solche, bei denen man selbst Schwierigkeiten hat, herauszufinden, wo genau ihre Probleme liegen. Bei vielen Kindern ist auch ohne Test relativ offensichtlich, was ihnen besonders schwer (oder leicht) fällt.

 **Standardisierter Rechtschreibtest DRT (Diagnostischer Rechtschreibtest)**

 **Ziel**

Auf Grund der von Schülern im Test gemachten Fehler erhalten Sie eine Analyse, um bei den Hauptschwierigkeiten der Rechtschreibung gezielt fördern zu können.

✂ Material/Vorbereitung

Sie benötigen das Testmaterial plus Zubehör.

So geht's

Testhefte (10er-Packs) sowie Fehleranalysebögen und Handbuch können Sie im Internet bestellen (Hogrefe-Verlag bzw. www.testzentrale.de). Der Test wird normalerweise in der Mitte des 5. Schuljahres durchgeführt. Die Kinder setzen dabei nach Diktat ca. 50 Wörter in einen Lückentext ein. Der Lehrer erhält an Hand der Fehlerhäufigkeiten bei bestimmten Rechtschreibphäno-menen Aufschluss über den Lernstand der Kinder.

Tipps

Auch dieser Test kann entweder mit der ganzen Klasse durchgeführt werden oder nur mit einzelnen Schülern.

Einen weiteren Rechtschreibtest, zu dem es auch individuell zusammen-gestelltes Material zu Förderung der Schüler gibt, finden Sie unter www.lernserver.de

 **Beobachten**

 **Ziel**

Seien Sie ein guter Beobachter!

Material/Vorbereitung

Sie benötigen Papier, eventuell einen selbsterstellten Beobachtungsbogen für verschiedene Beobachtungsbereiche, wie z.B. Lern- und Arbeitsverhalten, Sozialverhalten, Sprache usw.

 **So geht's**

Halten Sie Beobachtungen von Schülerverhalten, -leistungen etc. sofort während des Unterrichts schriftlich fest, damit diese Informationen für Elterngespräche, in Konferenzen und bei der Erarbeitung von Förderplänen zur Verfügung stehen.

Entweder machen Sie Notizen einfach in Stichworten unter dem Namen des Schülers, oder Sie erstellen sich einen individuellen Beobachtungs- bogen, der entweder allgemein gehalten oder auch fachspezifisch sein kann.

Tipps

Wählen Sie sich z.B. vor einer Unterrichtsstunde einzelne Schüler aus, die Sie beobachten wollen. Versuchen Sie, Beobachtungen nicht gleich zu interpretieren, sondern sie erst einmal nur als solche festzuhalten.

Stellen Sie gezielt Fragen an die Kinder (Was hast du dir dabei gedacht? Wie hast du das gemacht?).

Tauschen Sie Informationen mit Kollegen, Eltern und dem Schüler selber aus, suchen Sie für Probleme gemeinsam nach Lösungen.

101 Förderpläne

✳ Ziel

Kinder, deren Diagnoseergebnisse signifikant von denen der Gesamtgruppe abweichen, können mit einem Förderplan Hilfe erhalten. Schüler mit ausgeprägten Schwächen erhalten so die Chance, den Anschluss an die Klasse zu finden, indem ihnen in überschaubaren Zeitabschnitten bestimmte Übungsmöglichkeiten aufgezeigt werden.

✂ Material/Vorbereitung

Bereiten Sie ein Formular für einen Förderplan vor (s. S. 157).

⚙ So geht's

Halten Sie in dem Formular, neben den diagnostizierten oder beobachteten Stärken und Schwächen, die zu fördernden Themen mit konkreten inhaltlichen, methodischen und zeitlichen Zielvereinbarungen fest: Bei den Fördermaßnahmen können z.B. spezielle Angebote während Freiarbeit, mit einer speziellen Fachkraft, aber auch besondere (eventuelle zusätzliche) Hausaufgaben aufgelistet sein.

In jedem Fall sollten Sie den Förderplan mit dem Schüler, am besten zusammen mit den Eltern, in Ruhe besprechen, um sicherzustellen, dass der Schüler in realistischen Zeitschritten ein überschaubares Lernpensum schaffen kann. Dies gibt ihm eine Perspektive auf den konkreten Erfolg.

☺ Tipp

In bestimmten Zeitabständen sollten Sie überprüfen, ob der Schüler mit dem Plan klarkommt oder ob Sie Veränderungen vornehmen müssen. In jedem Fall muss eine Erfolgskontrolle stattfinden, an die sich eventuell ein neuer Förderplan anschließt.

Zähringer-Werkrealschule Neuenburg	
Förderplan für:	**Klasse:**
Fach:	Lehrer/in:
Zeitraum (von bis):	

Individuelle Stärken und Schwächen

Stärken:

Schwächen:

Förderchancen und Förderbedarf

Förderschwerpunkte	Förderziele

Konkrete Fördermaßnahmen zu benannten Förderzielen

11

Kommunikation
mit den Eltern

Insbesondere in der 5. Klasse ist eine enge Zusammenarbeit von Schule und Elternhaus sinnvoll, um die Schüler gleich zu Beginn von allen Seiten bestmöglich unterstützen zu können.

Hierfür ist ein regelmäßiger Austausch zwischen Klassenlehrer und Eltern Voraussetzung. Rückmeldungen sollten nicht nur über erbrachte Leistungen erfolgen, sondern auch über Mitarbeit, Lern- und Sozialverhalten, und zwar in bestimmten zuvor vereinbarten Zeitabschnitten außerhalb der Zeugnisse und Halbjahresinformationen.

Empfehlenswert ist, bereits am ersten Elternabend mit den Eltern die Ziele, die Art und zeitlichen Abstände der Rückmeldungen zu besprechen.

 **Eltern-Infoheft**

 **Ziel**

Die Eltern erhalten einmal in der Woche eine schriftliche Rückmeldung über Leistung, Mitarbeit, Lern- und Sozialverhalten ihres Kindes.

✂ **Material/Vorbereitung**

Jeder Schüler benötigt ein DIN-A5-Heft.

🌀 **So geht's**

Jedes Kind erhält vom Lehrer ein Heft, das so genannte Eltern-Informationsheft. Es dient zum Austausch zwischen Schule und Elternhaus. Am Ende jeder Woche notiert der Lehrer Bemerkungen zu Verhalten und Mitarbeit des Kindes in das Heft. Selbstverständlich sollten diese auch positive Rückmeldungen und Entwicklungen umfassen. Auch andere Mitteilungen, z.B. Informationen zu außerunterrichtlichen Veranstaltungen, werden hier festgehalten.
Zu Beginn der Woche bringen die Kinder das Infoheft unterschrieben zurück.

↺ **Tipps**

Es bietet sich an, auch Piktogramme zu verwenden (z.B. ☺ für gutes Verhalten usw.).

Der Umgang mit dem Informationsheft wird Eltern und Schülern in einem Schreiben, ähnlich einem Vertrag, erklärt. Dieser wird vorne im Heft eingeklebt und von allen Parteien unterschrieben.

 **Feste Telefonsprechzeiten**

 **Ziel**

Die Eltern können den Klassenlehrer einmal in der Woche sicher telefonisch erreichen.

 **Material/Vorbereitung**

Bereiten Sie eventuell einen Elternbrief vor.

So geht's

Bieten Sie wöchentlich eine feste Telefonsprechzeit an, die Sie in einem Elternbrief bekanntgeben. Dann können sich die Eltern bei Bedarf bei Ihnen melden. Sie können beispielsweise in einer Rückmeldung ihrerseits Zeiten nennen, zu denen sie in der Regel gut erreichbar sind.

Genaue Absprachen der Sprechzeit zwischen Eltern und Lehrer vermindern eventuelle Hemmungen, bei Bedarf zum Hörer zu greifen, und verringern erheblich die Anzahl unnötiger vergeblicher Versuche, sich gegenseitig zu erreichen.

Tipps

Die Telefonsprechzeiten sollten nur eine Ergänzung zum persönlichen Gespräch sein, für den Fall, dass etwas schnell oder in wenigen Worten geklärt werden muss.

Auch beim Telefongespräch sollten die wichtigsten Inhalte und Ergebnisse schriftlich, z.B. auf einem Formblatt, festgehalten werden.

Gesprächsnotiz	
von:	am:
Gesprächspartner:	Anlass:
Was wurde besprochen:	
To dos:	
Unbedingt beachten:	

 **Wochenmails**

 **Ziel**

Eltern erhalten regelmäßige Rückmeldungen und wichtige Informationen vom Klassenlehrer. Eltern und Lehrer können jederzeit miteinander kommunizieren.

 **Material/Vorbereitung**

PCs und E-Mail-Adressen des Klassenlehrers und der Eltern.

 **So geht's**

Ähnlich wie beim Eltern-Infoheft (s. S. 161) geben Sie am Ende der Woche Rückmeldungen an die Eltern über Lern-, Sozialverhalten und Mitarbeit ihres Kindes. Darüber hinaus können Sie wichtige Informationen, z.B. zu Unterrichtsgängen, in Form von E-Mails senden.

Wichtig ist, darauf zu achten, dass der Empfang der E-Mail seitens der Eltern bestätigt wird und diese sich verpflichten, regelmäßig ihr Postfach abzufragen. Darüber hinaus kann das Medium jederzeit genutzt werden, wenn es Fragen oder Probleme gibt.

☺ Tipp

Richten Sie sich eine eigene Mail-Adresse für die Wochenmails ein, das erleichtert die Verwaltung.

 **Elternstammtisch**

 Ziel

Die Eltern lernen sich untereinander kennen und tauschen sich aus. Über diese persönlichen Kontakte wächst das elterliche Engagement für die Schule und die Schüler.

✂ Material/Vorbereitung

Vereinbaren Sie gemeinsam, z.B. auf dem ersten Elternabend, einen Ort, z.B. den Nebenraum einer Kneipe, die Elternvertreter schreiben und verschicken Einladungen und bereiten das Treffen vor.

🔁 So geht's

Am Klassenpflegschaftsabend kann die Elternvertretung das Interesse an einem Stammtisch abfragen. Natürlich kann auch der Klassenlehrer solche Treffen anregen, die Initiative sollte dann aber von den Eltern ergriffen werden.

In regelmäßigen Abständen lädt die Elternvertretung dann die Elternschaft zu einem Stammtisch ein. Hier werden schul- und klassenspezifische Themen besprochen. Klassen- und Fachlehrer können je nach Thema dazu eingeladen werden.

 **Quartalsgespräche**

☀ Ziel

Es werden regelmäßig persönliche Elterngespräche auch außerhalb der obligatorischen Elternsprechtage geführt.

✂ Material/Vorbereitung

Treffen Sie Terminabsprachen schriftlich per Brief, Eltern-Infoheft (s. S. 161) bzw. per E-Mail oder fernmündlich.

⚙ So geht's

Die Eltern werden in regelmäßigen Abständen vom Lehrer zum persönlichen Informationsaustausch eingeladen. Achten Sie hierbei darauf, dass die wichtigsten Inhalte der Gespräche schriftlich festgehalten werden.

☺ Tipps

Zur Dokumentation bietet sich ein vorgefertigtes Formblatt an (s. S. 167), das ggf. in das Schülerportfolio eingeheftet wird.

Die Gespräche können auch telefonisch erfolgen.

Quartalsgespräch von …	
Gesprächspartner:	am:
Was wurde besprochen:	
To dos:	
Unbedingt beachten:	

12

Tipps für die
Schulleitung

Auch die Schulleitung kann den Fünftklässlern den Anfang in der neuen Schule erleichtern. Hierbei geht es vor allem darum, dass ein erster Kontakt zu den Eltern aufgebaut wird. Diese fühlen sich ernst genommen und geschätzt, auch dadurch, weil sie viele Informationen über die Schule und deren Organisation erhalten. Das schafft in vielen Punkten Transparenz und Klarheit.

Bei Schülern wie Eltern soll eine gewisse Vertraut- und Verbundenheit mit der Schule entstehen, sodass sie sich als Teil des Ganzen sehen und gerne bereit sind, sich ihren Möglichkeiten entsprechend in das System Schule einzubringen.

 **Begrüßungsbrief**

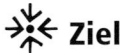 **Ziel**

Schüler und Eltern sollen sich durch einen Begrüßungsbrief beachtet, betreut und wertgeschätzt fühlen.

✂ Material/Vorbereitung

Sie benötigen Briefe und Umschläge.

 **So geht's**

Zusammen mit dem Brief des neuen Klassenlehrers (s. S. 12) oder an seiner statt werden die neuen Fünftklässler bereits schriftlich während der Ferien willkommen geheißen. Die Schüler und Eltern erhalten in diesem Brief Hinweise auf die ersten Tage und einen Ausblick auf die kommende Zeit. Der Brief soll auch ganz praktische Hinweise enthalten, z.B. zu typischen Fragen wie:

≈ Wie entschuldige ich mein Kind, wenn es krank ist?
≈ Bei wem kann ich bei Unklarheiten Auskunft erhalten?
≈ Wie erfahre ich, dass Unterricht ausfällt?
≈ usw.

Daneben kann der Brief allgemeine Informationen über die Schule (Schulprogramm, Homepage, Mensa, ihre pädagogische Arbeit etc.) sowie aktuelle Nachrichten (wohin sich die Schule bewegt, welche Baumaßnahmen anstehen usw.) vermitteln.
Natürlich dürfen Hinweise auf wichtige Termine nicht fehlen.

☉ Tipp

Achten Sie darauf, die Schüler und Eltern nicht mit zu viel Text zu erschlagen!

 **Erster Schultag: Empfang der Schüler und Eltern durch die Schulleitung**

 **Ziel**

Annehmen und Wertschätzen der Schüler und Eltern.
Vermitteln Sie den Schülern, dass man sich freut, dass sie da sind und in der Schulwahl die richtige Entscheidung getroffen haben.

Material/Vorbereitung

Sorgen Sie dafür, dass die Schule gereinigt und geschmückt wird. Stellen Sie Stühle für Eltern oder Großeltern auf, die nicht stehen können.
Stellen Sie sicher, dass Hausmeister und Sekretärin für spätere Fragen der Eltern in Reichweite stehen.
Organisieren Sie Programmpunkte der nächsthöheren Klasse.
Je nach Anzahl der Teilnehmer sollten Sie ein Mikrofon bereithalten.

So geht's

Wichtiger als ein Vortrag über die Schule ist der emotionale Teil der Einschulung in die weiterführende Schule. Einige warme Worte, Lächeln, eine kurze, klare Rede zur Begrüßung verdeutlichen die Wertschätzung der Teilnehmer durch die Schulleitung und gesamte Schule.
Nach kurzen, aber guten Programmpunkten der älteren Schüler erfolgt die Vorstellung der Klassenlehrer und die Einteilung der Schüler in die Klassen. Die Kinder gehen mit dem Lehrer in ihren Raum, die Eltern können kurz mitgehen, um zu sehen, dass ihre Kinder gut versorgt sind.

Tipp

Schulleitung und Sekretärin sollten bis zum Schluss zur Klärung letzter offener Fragen zur Verfügung stehen.

 **Klasseneinteilung**

☀ Ziel

Bei der Einteilung der Schüler ist es wichtig, funktionierende Klassen zu bilden.

✂ Material/Vorbereitung

Legen Sie Schülerlisten, Anmeldelisten und Informationen der abgebenden Grundschule über die Schüler bereit.

⚙ So geht's

Zunächst teilen Sie die Schüler, die ein besonderes Profil gewählt haben, in die jeweilige Klasse ein.

Die Schüler, die zusammen in eine Klasse wollen und dies direkt bei der Anmeldung angegeben haben, sollten Sie als Nächstes einer Klasse zuordnen.

Anschließend füllen Sie die Klassen auf unter Berücksichtigung der Geschlechterverteilung, des Wohnorts der Schüler (Busfahrten bei Unterrichtsausfall, Fahrgemeinschaften, Hausaufgaben für erkrankte Schüler) und der abgebenden Grundschule.

↻ Tipp

Falls bestimmte Wünsche der Eltern nicht berücksichtigt werden können, sollten Sie den Eltern z.B. am Tag der Einschulung eine kurze Rückmeldung geben, dass man sich bemüht hat, es aber nicht geklappt hat. So fühlen sich die Eltern zumindest ernst genommen und nicht vor den Kopf gestoßen oder ignoriert.

 # Tag der offenen Tür

⋇ Ziel

Die Schule stellt sich dar und zeigt Einblicke in den Schulalltag, die Atmosphäre in der Schule, die Unterrichtsmöglichkeiten und die Ausstattung der Schule.

✂ Material/Vorbereitung

Sorgen Sie dafür, dass Klassenzimmer, Fachräume, Aula und alle anderen Zimmer aufgeräumt und vorbereitet werden.
Lassen sie Experimente vorbereiten, Beschäftigungsmöglichkeiten für Kinder aufbauen, Spiele, Unterrichtssequenzen vorbereiten usw.

⚙ So geht's

Die Kollegen erstellen einen Laufplan für die erwarteten Besuchergruppen. Damit alle Gruppen gleichzeitig starten können, beginnt jede in einem anderen Raum und hält sich an die vorgegebene Zeit.

Die Gruppen werden jeweils von älteren Schülern geführt.

Die Einladung zum Tag der offenen Tür kann über die Presse und direkt über die Grundschule durch einen Brief an die Schüler und Eltern erfolgen.

☺ Tipps

Kleine Geschenke, wie z.B. selbstgebackenes Gebäck von Schülern, kleine Gegenstände, die die besuchenden Schüler im Technikraum oder dem Naturwissenschaftenraum unter Anleitung selbst erstellen, usw., hinterlassen eine gute Erinnerung im Gedächtnis.

Ein Beitrag der Fünftklässler darüber, wie gut sie als Neue an dieser Schule aufgenommen wurden, kann Eltern von Viertklässlern zusätzlich von der Qualität dieser Schule überzeugen. Dokumentieren Sie von Anfang an die verschiedenen Aktivitäten, die Sie mit Ihren Fünftklässlern unternehmen. Eventuell können Schüler zu den verschiedenen Bildern kurze Aufsätze verfassen. Zum Tag der offenen Tür bereiten einige Schüler eine kleine Präsentation vor, wie sie in der Schule aufgenommen wurden. Diese ca. 5-minütige Vorstellung kann eventuell im Anschluss an die Begrüßung durch die Schulleitung für alle Besucher in der Aula erfolgen oder gesondert im Klassenzimmer einer 5. Klasse als eine Besucherstation. Zur Vorbereitung und Durchführung können Sie die Paten um Unterstützung bitten. So erfahren auch diese für ihr Engagement eine öffentliche Wertschätzung.

 **Besuch der Elternabende der 4. Klassen**

 **Ziel**

Zu Beginn der 4. Klasse soll die neue Schule in das Bewusstsein der Eltern und Schüler rücken.

✂ Material/Vorbereitung

Erstellen Sie einen Flyer der Schule mit den wichtigsten Informationen und den Bildungswegen.

⚙ So geht's

Die Elternbeiräte der 4. Klassen sind meist behilflich und laden die Schulleitung gerne auf Anfrage zu einem Elternabend ein.
Geben Sie dort nur eine kurze Darstellung der Schule, und planen Sie viel Zeit für Fragen ein, da die Eltern an den gewöhnlichen Infoabenden wenig fragen.

↻ Tipp

Stellen Sie das spezielle Profil Ihrer Schule heraus, und grenzen Sie Ihre Schule möglichst klar von anderen ab, ohne diese abzuwerten.

Autorenteam des nlpaed
Klasse Stimmung!
50 Methoden für ein gelingendes
Miteinander und eine positive
Lernatmosphäre in der Schule.
Verlag an der Ruhr, 2014
ISBN 978-3-8346-2617-2

Yvonne Bechheim
Erfolgreiche Kooperationsspiele.
Soziales Lernen durch Spiel
und Sport.
Limpert, 2010
ISBN 978-3-7853-1822-5

Eva Blum, Hans-Joachim Blum
Der Klassenrat.
Ziele, Vorteile, Organisation.
Verlag an der Ruhr, 2012
ISBN 978-3-8346-2289-1

Ibert Classen, Karin Nießen
**Konstruktive Elterngespräche
in der Sekundarstufe.**
Strategien und Tipps für eine er-
folgreiche Erziehungspartnerschaft
Verlag an der Ruhr, 2016
ISBN 978-3-8346-3062-9

*Christian Hatto/Martin Hanker/
Sabine Suchan*
Das Klassenklima fördern.
Ein Methodenhandbuch.
Cornelsen Scriptor, 2003
ISBN 978-3-589-21658-1

Sabine Kelkel
Leichter lernen - besser denken.
Kopiervorlagen mit Übungen
zu Konzentration, Logik und
Kreativität.
Verlag an der Ruhr, 2016
ISBN 978-3-8346-3064-3

Sabine v. Kliemann (Hrsg.)
**Diagnostizieren und Fördern
in der Sekundarstufe I.**
Schülerkompetenzen erkennen,
unterstützen und ausbauen.
Cornelsen Scriptor, 2008
ISBN 978-3-589-22684-9

Rosemarie Portmann
**Die 50 besten Spiele für
mehr Sozialkompetenz.**
Don Bosco, 2008
ISBN 978-3-7698-1729-4

Doris Stöhr-Mäschl
Cool down! Entspannungs-
und Konzentrationsübungen
im Schulalltag.
Verlag an der Ruhr, 2018
ISBN 978-3-8346-3972-1

S. 7: © Julia Britvich — Fotolia.com

S. 18: © Gretchen Owen — Fotolia.com

S. 23: © Franz Pfluegl — Fotolia.com

S. 26: © sabine voigt — Fotolia.com

S. 32: © HuHu Lin — Fotolia.com

S. 35: © kare1501 — Fotolia.com

S. 39: © helix — Fotolia.com

S. 40: © GJS — Fotolia.com

S. 45: © Susanne Güttler — Fotolia.com

S. 46: © macroart — Fotolia.com

S. 50: © ArTo — Fotolia.com

S. 51: © Monkey Business — Fotolia.com

S. 54: © Robert Kneschke — Fotolia.com

S. 66: © Christian Schwier — Fotolia.com

S. 71: © bacalao — Fotolia.com

S. 74: © Ken Ng — Fotolia.com

S. 81: © Woodapple — Fotolia.com

S. 85: © Mosquidoo — Fotolia.com

S. 87: © Christian Schwier — Fotolia.com

S. 88: © underdogstudios — Fotolia.com

S. 92: © otomo — Fotolia.com

S. 97: © Hallgerd — Fotolia.com

S. 106: © Daniel Täger — Fotolia.com

S. 111: © Haramis Kalfar — Fotolia.com

S. 120: © claudia Otte — Fotolia.com

S. 122: © KOKALA VIEW — Fotolia.com

S. 125: © Christian Schwier — Fotolia.com

S. 128: © Verlag an der Ruhr

S. 129: © Verlag an der Ruhr

S. 135: © endrille — Fotolia.com

S. 139: © Dominique VERNIER — Fotolia.com

S. 141: © freshpix — Fotolia.com

S. 144: © Visual Concepts — Fotolia.com

S. 145: © Uwe Grötzner — Fotolia.com

S. 149: © maho — Fotolia.com

S. 152: © VIPDesgin — Fotolia.com

S. 159: © Sport Moments — Fotolia.com

S. 166: © Doc RaBe — Fotolia.com

S. 169: © Lisa F. Young — Fotolia.com

S. 174: © Monkey Business — Fotolia.com

4 Eine Klassengemeinschaft aufbauen **51**

5 Besondere Aktivitäten **71**